Knaur

Katharina Dietrich

Perlenzauber

Katharina Dietrich

Perlenzauber

Weben • Fädeln • Sticken

Inhalt

Vorwort

Als ich mich Anfang der 70er Jahre in einem frisch entstandenen Hamburger Kulturzentrum engagierte, war eine wilde Kinder- und Jugendtruppe schöpferisch zu bändigen. Es wurde getanzt, gemalt, getöpfert, getobt, theatergespielt – und eines Tages brachte ich Perlen mit.

Es begann mit dem Perlenweben. Ich entwickelte dafür einen einfachen Webrahmen, und es entstanden die ersten kleinen Armbänder. Das Erstaunliche an dieser Aktion war, daß alle wilden Kinder zwei Stunden sitzen und sich konzentrieren konnten. Das war vorher nicht zu erreichen gewesen. Und ich wußte sofort, daß das für mich der Beginn einer langen Freundschaft war. Nicht nur die Kinder, sondern auch ich entspannte mich während der Beschäftigung mit den Perlen vollkommen.

Nachdem ich genügend Armbänder gewebt hatte, probierte ich das Perlensticken aus, und es entstanden Taschen, Taschen, Taschen . . .

Beim Perlensticken habe ich gelernt, genau hinzuschauen und auch kleine Dinge wahrzunehmen. Die glitzernde Vorderseite einer Stickerei und das Fadengewirr auf ihrer Rückseite sind zwei Bilder der gleichen Sache, die mich oft dazu veranlaßt haben, über das Leben nachzudenken und die Licht- und Schattenseiten als eins zu begreifen.

Damals besaß ich nur einen kleinen Pompadour, gefüllt mit vielen verschiedenen Perlentütchen. Wohin ich mich auch begab, ich stickte überall: am Strand, beim Tee mit Freundinnen, auf Fahrten mit der Eisenbahn. Meist scharten sich Kinder um mich, und ich hatte immer genügend Nadeln und Perlen dabei, so daß auch sie etwas sticken konnten. Das hat sich bis heute nicht geändert, nur ist über die Jahre aus dem Pompadour mit Perlen eine kleine Galerie entsprungen.

Immer wieder wird mir berichtet, wieviel Spaß das Perlenarbeiten macht. Was mich überrascht, ist die breite Akzeptanz, junge und ältere Menschen erreiche ich gleichermaßen, selbst Jungen von 18 Jahren. Ich habe in den letzten Jahren einige Perlenkurse angeboten. Dann sitze ich und sticke oder webe mit den Teilnehmern zusammen. Anfänglich lehnen sie sich noch an meine Objekte an, aber ich mache ihnen Mut, sich davon zu lösen, um ihre eigene schöpferische Kraft zu entdecken und mit den Perlen zu spielen, zu malen, zu gestalten. Auch mit diesem Buch möchte ich Anstöße geben, die eigene Phantasie zu aktivieren, Farbgebungen auszuprobieren, verschiedene Formelemente aneinanderzusetzen, das eigene Objekt mit Leben zu erfüllen.

Ich würde mir wünschen, daß Sie durch mein Buch inspiriert werden, nicht nur eigene Kunststücke zu entwickeln, sondern auch Kraft zu schöpfen und in die Ruhe einzutauchen, die wir gerade heute so dringend benötigen.

Katharina Dietrich

Wissenswertes zum Material

Perlen

Die Perlen, die ich für meine Arbeiten verwende, sind meist aus Glas hergestellt. Es gibt sie in allen Größen und Stärken, aus allen Ländern dieser Welt, in tausenderlei Farbschattierungen. Die Hauptländer, die heute Perlen herstellen, sind Japan, Indien, Tschechien, die USA, Italien. Aber interessante, individuelle Perlen werden auch in vielen Ländern Afrikas hergestellt, oft von Hand, aus Ton, Metall, Holz. Besonders schön finde ich alte Perlen, die man mit viel Glück z. B. auf Flohmärkten oder an alten Kleidungsstücken und Taschen findet. Sie zeichnen sich durch sehr schöne Farben aus, zarte, aber auch kräftige. Heute gibt es nur wenige Firmen, die sich um differenziertere Farbnuancen bemühen, die den alten Perlen nahekommen.

Die gängigen Perlengrößen reichen von ca. 2 bis 7 mm im Durchmesser. Früher gab es die Perlen auch in wesentlich mehr verschiedenen Größen. Es ist heute schon die Ausnahme, wenn man die gleiche Perle in fünferlei Größen bekommen kann. Trotzdem brauchen wir nicht traurig zu sein, denn alle Perlen, die es heutzutage gibt, werden wir unser Lebtag nicht verarbeiten können!

Bei den Anleitungen erwähne ich manchmal Perlennamen, die ich näher erläutern möchte, damit Sie auch wissen, wovon die Rede ist. Händler benutzen für den gleichen Perlentypus verschiedene Bezeichnungen, so daß man leicht irritiert ist. So heißen regenbogenschillernde Perlen bei manchen »rainbow«, bei anderen jedoch »scarabé«. Bei mir werden Sie beide Begriffe finden.

Die Grundform der Perle ist das Stäbchen. Es wird in verschiedene Längen geschnitten und kann auch in sich gedreht (= »getwistet«) sein. Die kleinste Einheit ist daher eine geschnittene Perle. Daraus entsteht eine runde Perle, wenn sie dem Verfahren der Rotation (mit Sand und Wasser) unterzogen wird.

Unter Cremette-Perlen versteht man gehackte Perlen, die sich durch ihre quadratische Form auszeichnen. Gefüllte Perlen nennt man auch Indianerperlen: Sie sind durchgefärbt. Im Unterschied dazu wurde eine gewachste Perle erst nachträglich von außen gefärbt. »White-inside« bezeichnet einen weißen Einzug in der Perle, was ihr einen besonderen Schimmer gibt. »Red-white-inside« bedeutet, daß der Einzug in einer roten Perle stattgefunden hat, was bei jeder beliebigen Farbe möglich ist. Anstelle eines weißen kann auch ein silberner Einzug gemacht werden, das nennt man »silverline«. Grundlage dafür ist eine transparente Perle, die allerdings auch ohne silverline ihren Reiz haben kann. Eine gelüsterte Perle glänzt zart silbrig.

»Millefiori-Perlen« gehen zurück auf eine alte venezianische Technik. Bezeichnet werden damit Perlenstäbe oder -stücke, die entstehen, wenn verschiedenfarbige Glasstränge gebündelt miteinander verschmolzen und das entstandene Muster auf einen neutralen Strang aufgetragen werden.

Besonders schöne Perlen erhalten manchmal meine ganz eigenen Namen. Die »Hagebuttenperlen« erinnern mich z. B. in ihrer Farbe an reife Hagebutten. Es sind alte Glasperlen, die wahrscheinlich in Böhmen hergestellt worden sind. Ähnlich ist es mit den »Pflastersteinchen«: Sie stammen von einer Kette von Anfang dieses Jahrhunderts und sehen für mich wie kleine goldene Pflastersteine aus. Manchmal verfahre ich auch so mit Perlen, die aus bestimmten Ländern stammen: So bezeichne ich mit »Indische Koralle« die Farbe und das Land, aus dem die Perlen stammen. Sie sind einfache, in Indien produzierte Glasperlen.

Häufig gibt es in denselben oder ähnlichen Farben verschiedene Perlentypen: gefüllte, transparente, regenbogenschillernde, gestreifte, silberdurchwirkte oder metallisch glänzende. Erkundigen Sie sich doch einmal in einem Kaufhaus oder Bastelladen. Die Auswahl wird begrenzt, aber für den Anfang ausreichend sein. In manchen Großstädten gibt es auch spezielle Perlengeschäfte, wo Sie eine größere Bandbreite an Material erwartet.

In meiner Galerie habe ich ca. 600 Arten von Perlen zum Verkauf an Perlenbegeisterte bereitliegen. Oft verschicke ich Musterkästchen, um eine Vorstellung der Vielfalt zu vermitteln. Meine Mengenangaben beziehen sich meistens auf Röhrchen, denn das ist die Verpackungseinheit, die ich in meiner Galerie verwende.

Für alle im Buch abgebildeten Objekte können Sie bei mir eine Art »Fertigpackung« mit den entsprechenden Perlen bestellen. Allerdings habe ich in einigen Fällen alte Perlen oder exotische Einzelstücke verwendet, die Sie durch etwas Anderes, Ähnliches ersetzen müssen. Seien Sie also nicht enttäuscht, wenn Ihr Prunkstück nicht genau wie mein Entwurf aussieht. Die Objekte auf den Fotos sollen nur Anregungen für Ihre eigenen Ideen liefern; deshalb ist nicht immer das verwendete Material genau angegeben. Treffen Sie Ihre Auswahl und stehen Sie zu Ihrem persönlichen Geschmack und Design!

Falls Sie etwas bestellen oder mir einfach schreiben möchten, hier ist meine Adresse:
Galerie Neue Perlen
Hohenzollernring 29
22763 Hamburg

Nadeln

Außer Perlen benötigen Sie Nadeln zum Sticken und Weben. Günstig ist es, für das Weben extra feine lange Perlenwebnadeln (z. B. von Prym) zu verwenden. Zum Sticken nehme ich vorwiegend englische Spezialnadeln (z. B. Milward, size 10). Sie können es natürlich mit gängigen Nadeln ausprobieren, werden aber schnell an Ihre Grenzen stoßen.

Stoff

Stoffe habe ich in Hülle und Fülle. Ich sticke nur auf Naturstoffen (allerdings nicht auf Seide), die nicht zu dick und möglichst unifarben sein sollten. Zum Hinterfüttern nehme ich alles, was zu meinem Webstück paßt: Seide, Samt oder Leder, uni, bedruckt oder kariert, und sollte ich einmal gar nichts Passendes finden, bemale ich mir einen Stoff.

Sonstige Materialien

Außerdem benötigen Sie noch eine gute Arbeitsschere, Stickrahmen in mehreren Größen (mindestens 28 cm) und vielleicht eine Lupe. Das Einfädeln in das sehr kleine Nadelöhr ist nicht immer ganz leicht.
Zum Unterbringen der Perlen empfehle ich durchsichtige Sortierkästen aus Baumärkten oder Bastelläden, weil das Farbenspiel der unterschiedlichen Perlen ungemein zum Arbeiten animiert. Je mehr Farben Sie gesammelt haben, desto mehr Spaß wird Ihnen das Sticken/Weben machen.

Garn

Ich verwende jedes Garn, das mir gefällt, vorausgesetzt, es ist stabil und reißfest. Am besten, Sie versuchen verschiedene Garnstärken und -arten, um festzustellen, welches Garn für Ihre Arbeitsweise geeignet ist: Es sollte sich leicht verarbeiten lassen und trotzdem widerstandsfähig sein.

Verschlüsse

Es ist wichtig, daß Sie sich einen wirklich geeigneten Verschluß für Ihr Stück überlegen. Fertige Verschlüsse sollten Sie vermeiden, weil sie Ihrer Arbeit niemals entsprechen werden. Suchen Sie sich farblich abgestimmt einen schönen Knopf, eine alte Perle oder ein Holzstückchen aus. Und wenn Ihnen das alles nicht gefällt, dann überziehen Sie einfach einen Knopf mit Stoff oder benähen ihn mit Perlen in der passenden Farbe.

So wird's gemacht

1 Als Verschluß können Sie z. B. einen passenden Knopf oder ein Metallplättchen nehmen. Befestigen Sie ihn am Ende der Kette, indem Sie einige größere Perlen oder Stäbchenperlen auffädeln und dann den Knopf daraufsetzen. An der gegenüberliegenden Seite brauchen Sie dann noch eine perlenbesetzte Schlaufe, durch die der Knopf paßt.

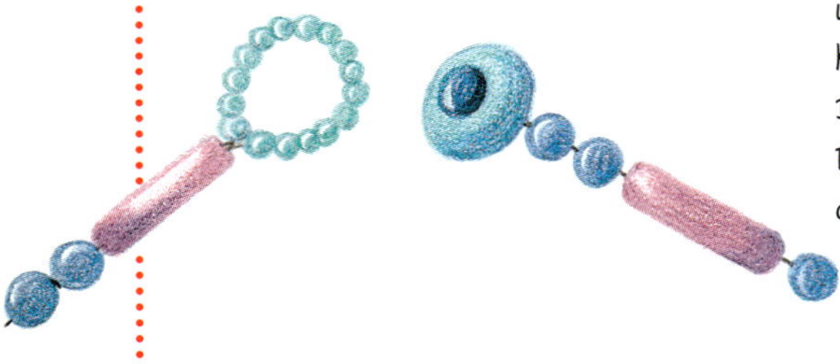

2 Auch zwei schön geformte Perlen, mit kleineren Perlen aufgefädelt, können verwendet werden. An der gegenüberliegenden Seite können Sie dann z. B. zwei perlenbesetzte Schlaufen anbringen.

3 Falls Sie eine ganz individuelle Farbgestaltung wünschen, beziehen Sie einen Knopf mit Stoff oder umwickeln Sie eine große Perle mit kleinen, aufgefädelten Perlen. Dazu nehmen Sie eine große, dicke Perle mit einem großen Loch in der Mitte, befestigen den Faden und fädeln die gewünschten Perlen auf den Faden.

Wickeln Sie nun den Faden um die Perle, bis sich das Loch in der Mitte der Perle schließt: Eine Perlenkugel ist entstanden.

Achten Sie immer darauf, daß Sie beim Festnähen durch die letzte, kleine Perle am Ende des Perlenfadens nur einmal stechen, bevor Sie durch alle anderen Perlen wieder zurückstechen. So sichern Sie die Perlen vor dem Herausrutschen.

Galerie der Modelle

Perlen wickeln

Wickelketten

Auf die Idee mit den Wickelketten bin ich an einem vollkommen verregneten Osterfest gekommen, als ich in einem afrikanischen Schmuckbuch blätterte und dort solche Ketten abgebildet fand. Ich las, daß die afrikanischen Frauen trockenes Steppengras mit Perlen überziehen. Da ich kein Steppengras hatte, startete ich meine ersten Versuche mit Jutegarn. In mehrere Lagen gelegt und zusammengewickelt, bastelte ich meine Perlen darauf. Die ersten Ergebnisse waren mäßig. Schließlich kristallisierte sich als geeignetste Unterlage die Einziehkordel heraus.

Material

- *10 Röhrchen Perlen, Ø 2 mm*
- *1 Rolle Garn*
- *2 Perlensticknadeln*
- *50 cm Einziehkordel*
- *Verschluß nach Wunsch*

So wird's gemacht

Vorbereitung der Kordel

Entscheiden Sie zu Beginn, welche Länge Ihre Kette haben soll, ob Sie lieber eine eng anliegende oder eine halsferne haben möchten. Bedenken Sie, daß auch die Wahl des Verschlusses Einfluß auf die Gesamtlänge Ihrer Kette hat.

Schneiden Sie nun Ihre Kordel entsprechend zu. Sie hat ein fasriges Innenleben, das durch einen Baumwollschlauch zusammengehalten wird. Den Schlauch ziehen Sie zu Beginn ein Stück zurück und schneiden die Fasern, die darüber hinausgucken, ab. Jetzt stülpen Sie den Schlauch darüber und nähen ihn sauber nach innen geklappt zusammen. Das machen Sie bitte an beiden Enden.

Umwickeln der Kordel

Überlegen Sie sich, wie Ihre Kette aussehen soll. Danach entscheiden Sie, an welcher Stelle Sie mit dem Wickeln der Perlen beginnen wollen, am Anfang, in der Mitte oder zwischendrin. Wenn das Muster symmetrisch sein soll, müssen Sie in der Mitte beginnen. Wenn Sie einen Farbverlauf von hell nach dunkel planen, müssen Sie dagegen an einem Ende der Kordel beginnen.

Fädeln Sie einen normalen reißfesten Faden in die Sticknadel ein, legen ihn doppelt und verknoten ihn. Stechen Sie zur guten Befestigung des Fadens mindestens einmal durch die Kordel hindurch und beginnen Sie dann mit dem Auffädeln der Perlen. Sie fädeln eine beliebige Menge an Perlen auf (allerdings nicht zu viele) und wickeln diese dann vorsichtig um den Stoffkern herum. Wichtig ist dabei, keine Lücken zwischen den Perlen entstehen zu lassen, aber auch den Faden nicht zu stramm zu wickeln, denn das würde Spannung erzeugen, den Faden reißen lassen oder den Körper verformen.

Sie können entweder auf einmal nur Perlen einer Farbe aufwickeln, etwa wie bei dem Halsband in Grün und Schwarz. Oder Sie fädeln verschiedenfarbige Perlen auf einen Faden, um bestimmte Muster zu erhalten (wie etwa bei der blau-goldenen Kette), was etwas schwieriger ist.

Nach jeweils ca. 5–10 Reihen sollte der Perlenfaden befestigt werden. Dazu stechen Sie unmittelbar nach der letzten Perle durch den Stoffkörper hindurch, stechen noch einmal zurück und nähen so den Faden, auf dem sich die Perlen befinden, fest. Dadurch können die Perlen nicht mehr wegrutschen. Nun stechen Sie zwischen der letzten und der vorletzten Perle von unten nach oben durch die Kordel, führen den Faden über den Perlenfaden hinweg und stechen auf der anderen Seite der Perlenreihe wieder ein (= Überfangstich). Stechen Sie hin und her durch die Kordel, bis alle Perlen befestigt sind. Zum Schluß sollten Sie wieder am Ende des Fadens ankommen.
Um einen nahtlosen Übergang zur nächsten Reihe zu bekommen, ziehen Sie Ihre Nadel durch die letzten zwei oder drei Perlen und schließen die neuen Reihen an. Das Ende eines Fadens vernähen Sie durch Hin- und Herstechen durch den Stoffkörper.

Verschluß

Den Verschluß sollten Sie Ihrer Kette entsprechend anfertigen, z. B. ein farblich passender Knopf auf der einen und eine perlenbezogene Schlaufe auf der anderen Seite der Kordel (siehe Seite 10).

So wird's gemacht

1 Befestigen Sie den Faden, indem Sie einmal durch die Kordel stechen.

2 Fädeln Sie die Perlen auf.

3 Wickeln Sie den Perlenfaden um die Kordel.

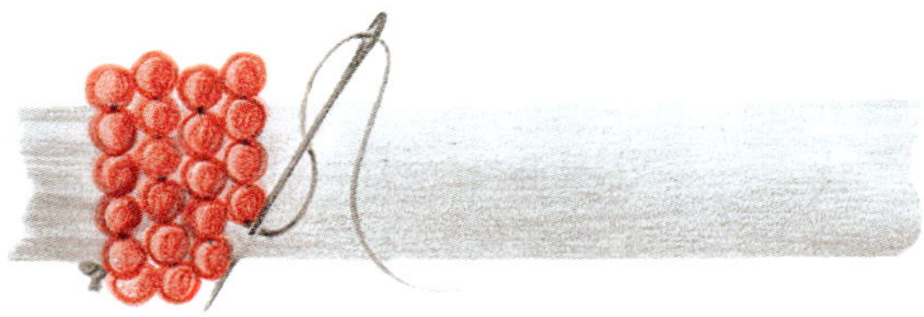

4 Stechen Sie hinter der letzten Perle durch die Kordel, um den Faden zu fixieren.

5 Stechen Sie so lange durch die Kordel hin und her, bis alle Perlen mit Überfangstich befestigt sind.

6 Bevor Sie die nächsten Perlen anschließen, stechen Sie durch die letzten beiden Perlen.

7 Benähen Sie die Kappe der Kordel im Kreis oder über Kreuz.

Sonderformen

Kordeln gibt es nur in zwei Stärken. Wer seine Kordel dicker als lieferbar verarbeiten möchte, sollte sie mit Stoff – am besten geeignet ist Jersey – überziehen. Das geht folgendermaßen: Sie legen die Kordel auf Ihren Stoff und schneiden ein Rechteck zu, das auf allen Seiten größer als die Kordel ist. Als erstes klappen Sie die kurzen Seitenteile über die Endstücke der Kordel. Dann rollen Sie die Kordel in den Stoff ein, heften ihn mit Stecknadeln und nähen ihn zu.

Außer der Dicke können Sie mit dem Stoff auch die Farbe der Kordel verändern, so habe ich z. B. für die blau-goldene Wickelkette die weiße Kordel schwarz überzogen. Den gleichen Effekt können Sie natürlich auch durch Einfärben der Kordel erzielen.

Material

für die grüne Wickelkette

- *1 Röhrchen schwarze Perlen*
- *je 1 ½ Röhrchen verschiedene Perlen: z. B. tiefgrün, maigrün, transparent grasgrün, silverline gelbgrün, silverline smaragd, gelbgrün matt*

Verschluß: *Knopf aus Kokosschale und Schlinge aus dicken grünen Perlen, Ø 4 mm*

Material

für eine schwarz-weiße Wickelkette

- *1 Röhrchen weiße runde Perlen*
- *1 Röhrchen schwarze runde Perlen*
- *1 Röhrchen graue runde Perlen*
- *1 Röhrchen grey-silverline Perlen*
- *1 Röhrchen weiße Kleinstäbchen*
- *5 Röhrchen verschiedene Perlen: z. B. rainbow weiß, transparent grau, hexagon weiß, gold metallic, eierschalfarben, hexagon scarabé grau, grün gelüstert, weiß gewachst, metallic-graue (silberne) Kleinstäbchen*

Verschluß: *dicke, schwarze, bezogene Perle*

Material

für die blau-goldene Wickelkette

- *5 Röhrchen blue-silverline Perlen*
- *3 Röhrchen goldfarbene runde Perlen*
- *1 Röhrchen goldfarbene Perlen, hexagon*
- *1 Röhrchen scarabé blaue Perlen, hexagon*

Verschluß: *Goldknopf*

Wickel-armreifen

Zu der Wickelkette können Sie sich einen passenden Armreifen fertigen. Der ist zwar kleiner, aber er macht erstaunlicherweise etwas mehr Arbeit als die Kette. Es gibt keinen Verschluß, d. h. der Reifen muß geschlossen werden, bevor er mit Perlen bewickelt wird. Messen Sie dafür mit einem Zentimetermaß Ihre Hand an der breitesten Stelle. Achten Sie bitte darauf, daß Sie Ihren Armreifen nicht zu eng bemessen, da häufiges Überstreifen sonst dazu führt, daß die Fäden strapaziert werden und leicht reißen können.

Material

- *4–5 Röhrchen Perlen, Ø 2 mm*
- *1 Rolle Garn*
- *2 Perlensticknadeln*
- *25 cm Einziehkordel*

So wird's gemacht

Wenn Sie Ihr Maß gefunden haben, schneiden Sie 2 cm Kordel mehr als erforderlich ab. Sie benötigen diese 2 cm zur Befestigung der beiden Enden. Auf jeder Seite kürzen Sie die inneren Faserfäden um 1 cm, so daß der äußere Baumwollschlauch 1 cm übersteht. Die inneren Faserfäden sollen direkt aneinanderstoßen, damit sie keinen Wulst bilden können. Die überstehenden Schläuche ziehen Sie übereinander und nähen sie mit ein paar einfachen Stichen zusammen, so daß sie nicht auseinanderrutschen können. Sie haben jetzt einen Reifen erhalten.

Wenden Sie nun die gleiche Wickeltechnik an wie bei der Kette. Allerdings ist der innere Kreis des Reifens nun kleiner als der äußere; um ein Übereinanderschieben der Perlen zu vermeiden, müssen Sie folgenden Trick anwenden: Lassen Sie an der äußeren Rundung zwischen den einzelnen Wickelfäden dreieckige Segmente frei, die Sie erst zum Schluß durch Einsticken von Perlen schließen (siehe Foto).

1 Schneiden Sie die Kordel in der entsprechenden Länge zu.

2 Stülpen Sie den äußeren Baumwollschlauch zurück und schneiden Sie den inneren Schlauch zu. Schließen Sie nun die Kordel zum Kreis.

3 Nähen Sie die beiden Enden zusammen, indem Sie die Enden des äußeren Baumwollschlauchs sich überlappen lassen.

Material
für den schwarz-weißen Wickelarmreifen

- *5 Röhrchen verschiedene Perlen: silverline grau, hexagon weiß, schwarz rund, weiß rund, hexagon blau scarabé, hexagon gold metallic, grau rund, grün gelüstert, weiß transparent, weiße Stäbchen (klein)*

Material
für den Wickelarmreifen in Blau-Gelb-Beige

- *lauter alte Perlen, Ø 1,5 mm, nur in Anlehnung zu erhalten: blau, beige, zartrosa, maisgelb, gelb-schwarz gestreift, schwarz*

Material
für den grün-gelben Wickelarmreifen

- *5 Röhrchen verschiedene Perlen: rainbow gelb, silverline gold, silverline dunkelgrün, grün gelüstert, beige, hellgrün, orange transparent, hellgrün gelüstert, rot transparent, mittelgrün, perlweiß, gelbgrün transparent, crazy yellow, mintgrün, silverline mittelgrün, Kleinstäbchen in Silber und Gold*

Brandt

Perlen sticken

Material

- *Perlen*
- *Stickrahmen*
- *Stoff*
- *Sticknadel*
- *Nähgarn*

So wird's gemacht

Spannen Sie den Stoff in den Stickrahmen ein und zeichnen Sie sich die Form auf, die Sie mit den Perlen besticken wollen.

Ich habe am Anfang noch kein konkretes Bild davon, wie das fertige Stück aussehen soll, ich lasse es beim Sticken entstehen. Mir geht es vorrangig darum, die Perlen zu verarbeiten, die mich gerade begeistern. Dabei kann ich natürlich auf einen großen Perlenreichtum zurückgreifen, den ich mir über Jahre angesammelt habe und ständig mit neuen ergänze.

Aus meinen Kursen weiß ich, daß nicht jeder so impulsiv arbeitet, sondern mancher sich lieber an einer Skizze orientieren möchte. Wenn Sie unsicher sind, bringen Sie zuerst Ihre Vorstellungen möglichst farbgetreu zu Papier und übertragen Sie sie auf den Stoff, wenn Sie mit Ihrem Entwurf ganz zufrieden sind.

Jetzt beginnen Sie mit dem Sticken.

Ist das ganze Teil fertiggestickt, wird es aus dem Rahmen genommen, vorsichtig gebügelt und mit einem Rand von 2–3 cm ausgeschnitten. Wer es verstärken möchte, bügelt in Größe und Form der Stickfläche Bügelvlieseline auf die Rückseite. Dann wird der gewünschte Futterstoff rechts auf rechts auf das Stickteil gelegt und am Rand der Stickerei entlang festgenäht. Stickteil wenden.

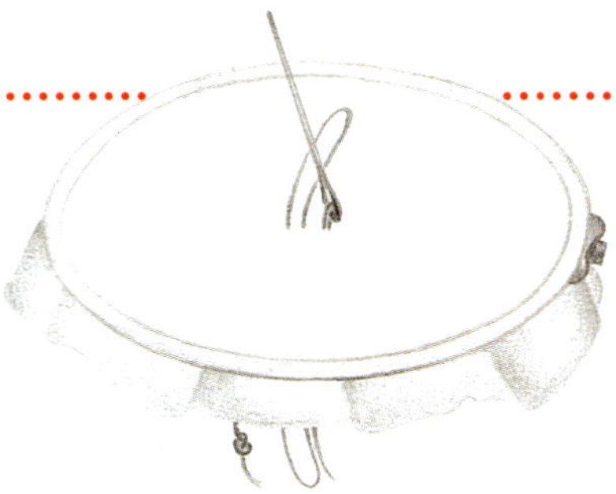

1 Fädeln Sie einen Faden in die Nadel ein, ca. 100 cm lang, und verknoten Sie die Enden miteinander, so daß er doppelt liegt. An der Stelle, wo Sie die Stickerei beginnen möchten, stechen Sie von unten in den Stoff und machen einen Extrastich, damit der Faden nicht herausrutschen kann.

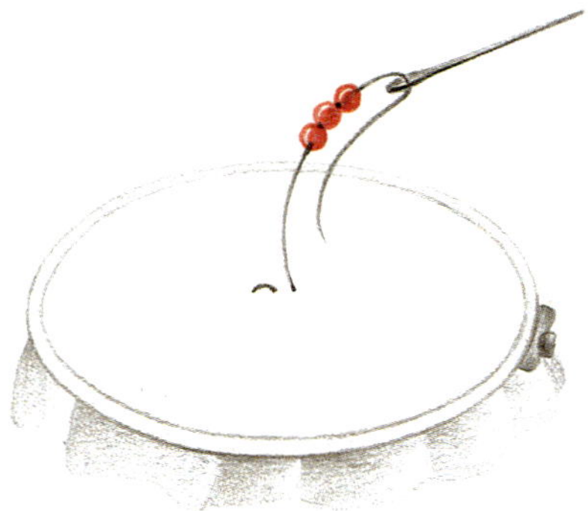

2 Fädeln Sie so viele Perlen auf, wie Sie benötigen und legen Sie sie dem Muster entsprechend in einer Reihe auf den Stoff.

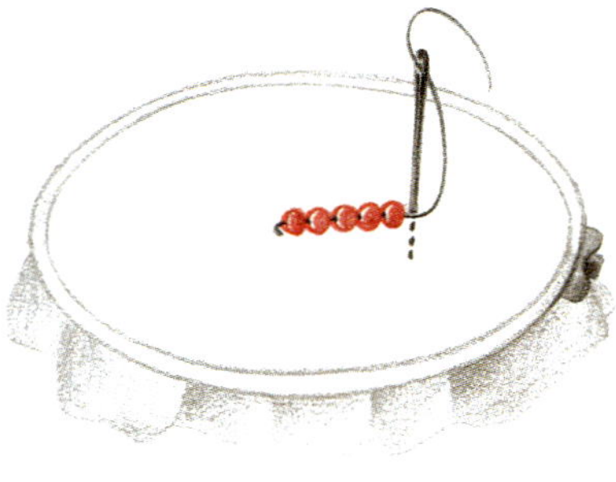

3 Nach der letzten Perle stechen Sie wieder in den Stoff, dadurch wird die Reihe fixiert. Dabei müssen Sie dem Faden ein wenig Luft lassen, nicht zu viel, aber genug, damit die Reihe sich nicht beult.

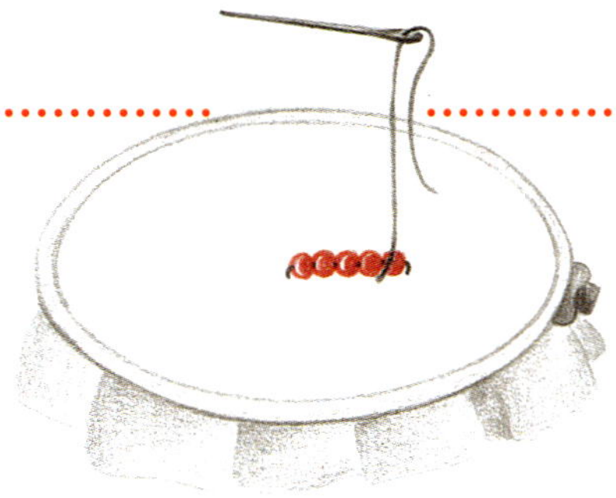

4 Nun stechen Sie zwischen der letzten und der vorletzten Perle von unten nach oben durch den Stoff, führen den Faden über den Perlenfaden hinweg und stechen auf der anderen Seite der Perlenreihe wieder ein (= Überfangstich).

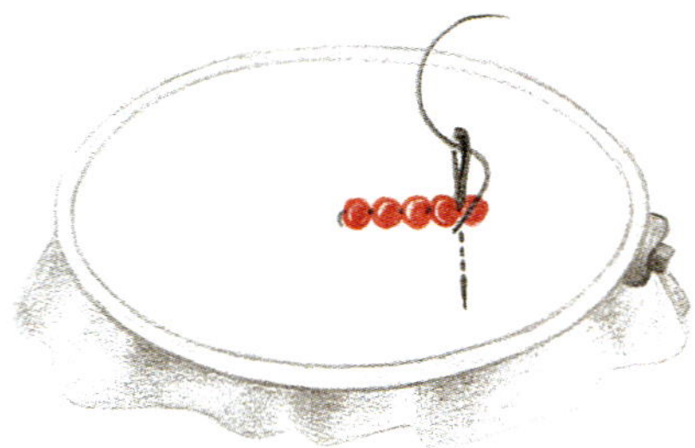

Das wiederholen Sie hinter jeder zweiten oder dritten Perle, bei Stäbchen oder dicken Perlen sogar hinter jeder einzelnen.

Ist die ganze Reihe festgenäht, stechen Sie mit der Nadel dort von unten durch den Stoff, wo Sie die nächste Reihe beginnen möchten. Auf diese Weise wird Reihe an Reihe gelegt, zu unterschiedlichen Flächenformen zusammengesetzt.

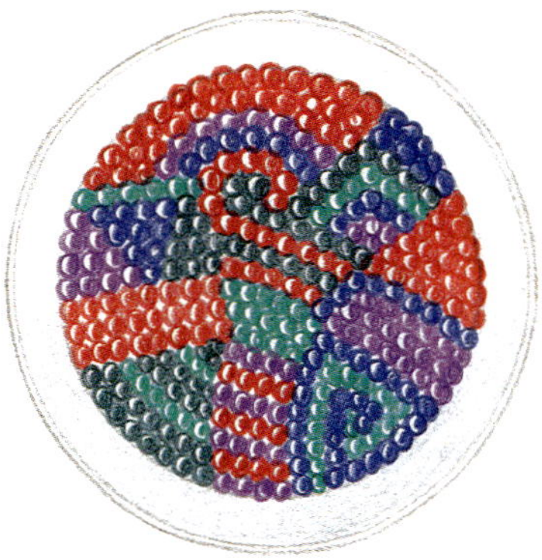

Verschiedene Gestaltungsmöglichkeiten

Lassen Sie Flächen auf Ihrem Stoff entstehen, indem Sie Linie an Linie legen und festnähen. Egal, wo Sie anfangen, bauen Sie Ihre Stickerei von da ausgehend auf. Die Formen können ganz exakt und rechtwinklig liegen oder auch wild durcheinander, in Streifen oder Dreiecken, mit geraden oder krummen Konturlinien. Wie Sie Ihre Fläche füllen, bleibt ganz Ihrer Inspiration überlassen.

Nun entsteht die Spannung einer Bildkomposition ja nicht nur durch die Flächengestaltung, sondern auch durch die unterschiedliche Struktur der Perlen, wie Größe, Form, Material. Ein weiterer wesentlicher Faktor ist die Farbe. Jeder hat sein eigenes Farbempfinden und sollte dem auf jeden Fall nachgehen, da das Werk sein persönlicher Ausdruck sein soll.

Ich habe mir im Laufe der Zeit angewöhnt, meine Spontaneität mit einzusticken. Einmal habe ich z. B. nach dem Verzehr eines Schokoladenosterhasen das goldene Einwickelpapier mit eingenäht. Ein anderes Mal gefiel mir eine Tomatenmarkdose. Die habe ich mir zurechtgeschnitten, glattgewalzt, an den vier Ecken gelocht und mit Perlen auf meiner Stickerei befestigt. Auch vor Reißverschlüssen im Bild mache ich nicht halt. Sicher wird Ihnen auch vieles einfallen.

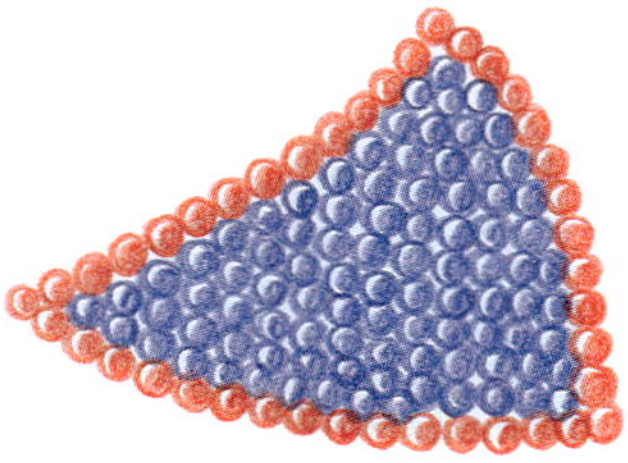

1 In diesem Fall wird zunächst die Kontur der Form durch drei Reihen rote Perlen, im Dreieck angeordnet, festgelegt. Anschließend füllen Sie die Form in parallelen Reihen mit blauen Perlen.

2 Natürlich können Sie auch innerhalb einer Reihe die Farbe wechseln, indem Sie einfach unterschiedlich gefärbte Perlen auf einen Faden auffädeln.

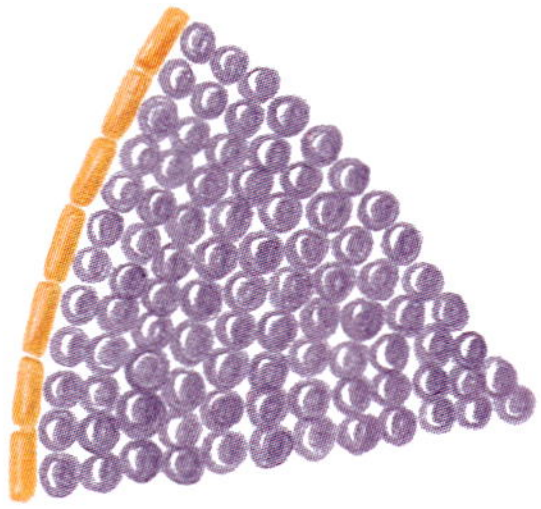

3 Hier wurde die Form durch eine Reihe länglicher Stäbchenperlen begrenzt.

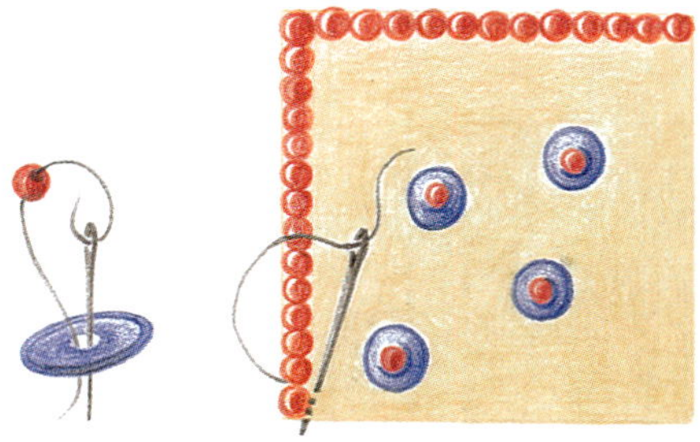

4 Größere Perlen, Pailletten oder Goldfolie werden zusammen mit einer kleineren Perle aufgenäht.

Taschen und Portemonnaies

Wie bei der Vorstellung der Technik auf Seite 22 beschrieben, werden auch Taschen und Portemonnaies zunächst bestickt, zugeschnitten und mit Vlieseline verstärkt.

Dann nehmen Sie für den Taschenrücken am besten ein Stück Leder und schneiden dieses in Taschengröße zu. Stickerei und Leder werden mit ihren rechten Seiten aufeinandergelegt und am Rand der Stickerei exakt mit der Hand geheftet, schließlich mit Steppstichen zusammengenäht.

Wenn Ihnen die Form Ihrer Tasche nicht gefällt oder der Umfang nicht ausreicht, können Sie die Stickerei auch auf ein größeres Stück Stoff oder Leder aufnähen (so z. B. bei der kupferfarbenen Tasche auf Seite 30/31).

Schneiden Sie den Rand ca. 1/2 cm knapp ab und drehen Sie die Tasche um.

Suchen Sie sich einen schönen Futterstoff aus, legen Sie Ihre Tasche darauf und übertragen Sie die Form. Schneiden Sie zwei gleiche Teile aus dem Futterstoff und nähen Sie sie an drei Seiten zusammen. An der Öffnung der Tasche darf das Futter natürlich nicht zusammengenäht werden und muß ca. 2 cm überstehen, damit Sie es sauber annähen können.

Bei einer Umhängetasche müssen Sie sich nun für einen Träger entscheiden: Sie können eine einfache Kordel verwenden oder eine oder mehrere Schnüre mit aufgefädelten Perlen. Am aufwendigsten ist eine nach dem Vorbild der Wickelketten (siehe Seite 15) mit Perlen besetzte Kordel, die Sie um die ganze Tasche herumlaufen lassen können, um sie noch besser zur Geltung zu bringen.

Überlegen Sie sich eine Verschlußmöglichkeit. Wenn Sie Ihren Verschluß angebracht haben, nähen Sie das Futter ein.

Tip

Wenn Sie ein Portemonnaie entwerfen, achten Sie bitte darauf, daß Sie es nicht zu klein anlegen, denn Sie müssen es noch wenden können.

So wird's gemacht

1 So könnte ein gesticktes Teil im Rahmen aussehen, das für eine halbkreisförmige Tasche verwendet werden soll.

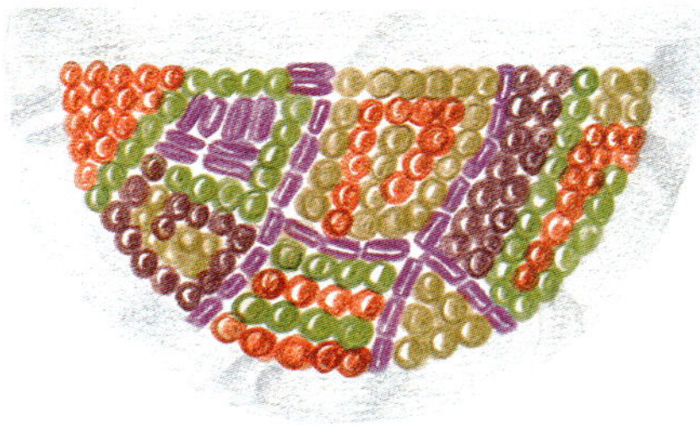

2 Schneiden Sie die Stickerei mit einem 2–3 cm breiten Rand zu.

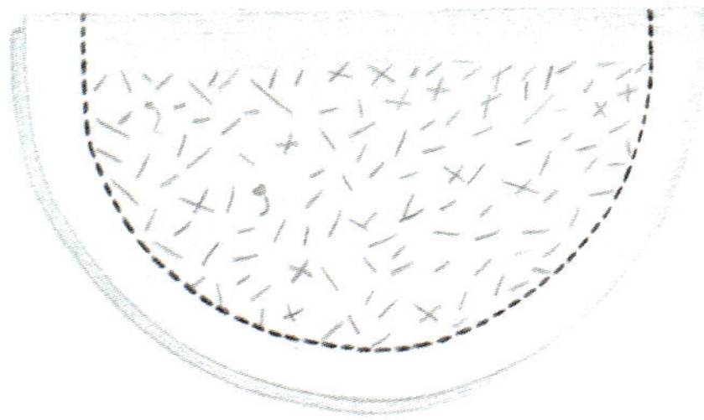

3 Die Stickerei und die zugeschnittene Taschenrückseite werden rechts auf rechts aufeinander gelegt und knapp an der Stickerei entlang zusammengenäht.

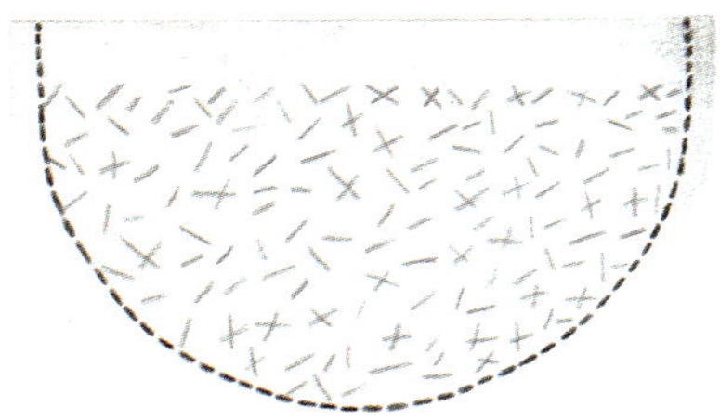

4 Nach dem Nähen wird der Stoff beider Teile bis auf einen Rand von 1/2 cm zur Naht zugeschnitten.

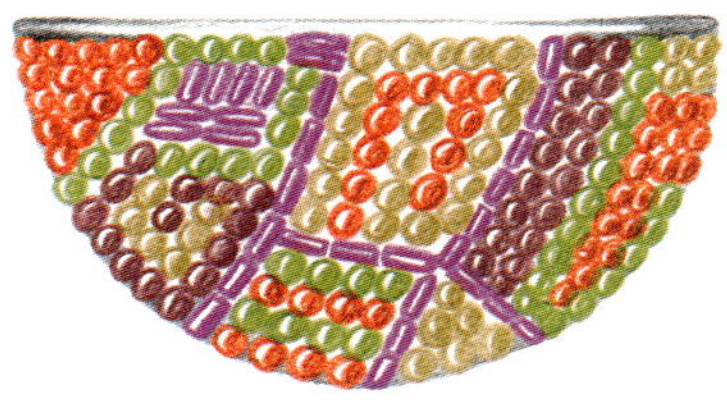

5 Wenden Sie die Tasche.

6 Wenn Sie eine Umhängetasche möchten, nähen Sie an den Taschenrändern innen eine Kordel fest. Auch den oberen Rand der Tasche können Sie mit einer Kordel verzieren.

7 Bringen Sie an der Tasche den gewünschten Verschluß an, z. B. einen Knopf auf der einen und eine Schlaufe auf der anderen Seite, oder auch einen einfachen Reißverschluß.

Material

für das Täschchen »Jasper«
(Abb. Seite 24/25, oben rechts)

Größe 8,5 x 8,5 cm

- *kleine Stäbchen: dunkeltürkis, blau scarabé, schnee*
- *geschnittene Perlen: hellblau, graphit, blau scarabé, blau, hellblau transparent*
- *Perlen, Ø 4 mm: lichtblau transparent, türkis transparent*
- *Perlen, Ø 2,5 mm: grau, rainbow violett, kobaltblau, hellblau*
- *Perlen, Ø 2 mm: hellblau silverline, dunkelblau transparent, hellblau, gold, rot transparent*
- *Perlen, Ø 1 mm: hellblau, brombeer silverline*

(insgesamt etwa 3 Röhrchen)

Material

für das Täschchen »Rokoko«
(Abb. Seite 24/25, unten rechts)

Größe 4 x 5,5 cm

- Perlen, Ø 1,5 mm: matt altrosa, grün scarabé, silber scarabé, grasgrün, gold und rot silverline
- Perlen, hexagon, Ø 2,5 mm: gold, gold und silber twisted
- kleine Stäbchen: türkis, grün scarabé, violett scarabé
- Cremetteperlen: hellblau

(insgesamt etwa 2 Röhrchen)

Material

für die Tasche »Blauer Halbmond«
(Abb. oben)

Größe 18 x 10 cm

- kleine Stäbchen: gold metallic, hellblau silverline, transparent silverline
- mittelgroße Stäbchen: blau scarabé, dunkelbraun silverline
- geschnittene Perlen: rosa
- Perlen, Ø 2,5 mm: grauweiß, graphit, graublau transparent
- Perlen, Ø 2 mm: hellblau transparent, silber gewachst, brombeer transparent, dunkelblau transparent, orange silverline
- Perlen, Ø 1,5 mm: jade-glasfarben, silbergrau, hellblau silverline, altrosé, brombeer silverline, grau-rosé

(insgesamt etwa 6 Röhrchen)

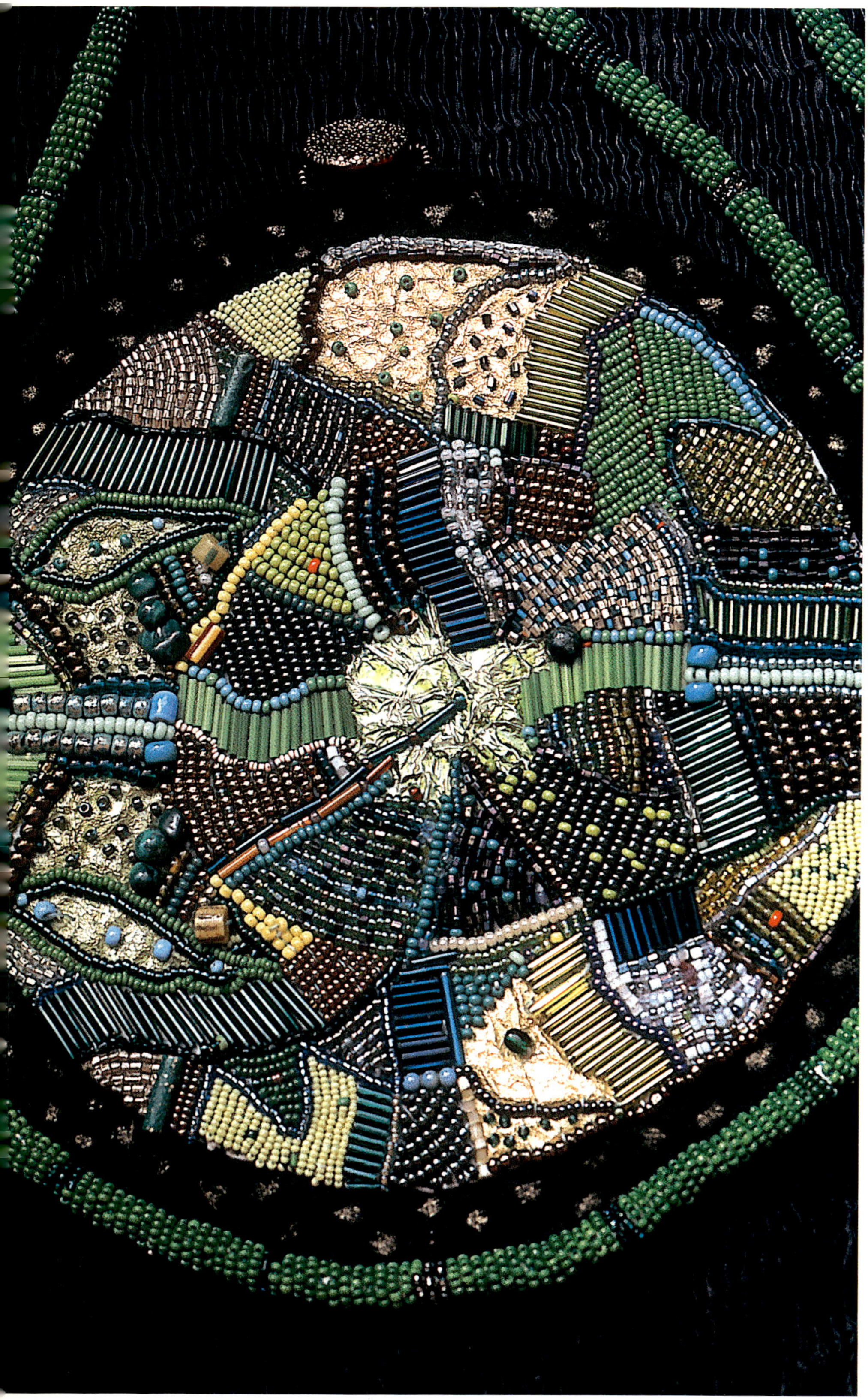

Material

für die grüne Tasche

Größe:
Stickerei: *Ø 19 cm,*
Stickerei mit Lederuntergrund: *Ø 21 cm (Das Leder wurde abschließend mit Goldstift betupft.)*

Trageband:
10 Röhrchen Perlen, Ø 2 mm: hellgrün, dunkelgrün, grau, blau scarabé, türkis silverline
Verschluß: *1 Goldknopf*
Stickerei:

- *Perlen, Ø 5–6 mm: Malachitperlen, türkise Glasperlen, gelbe afrikanische Perlen, grüne Keramikstückchen, gelb-braun gestreifte und türkis gewachste Perlen*
- *geschnittene Perlen: türkis silverline, brombeer scarabé, hellviolett scarabé, silber, hellgrün silverline, hellblau silverline, weiß transparent, Schneeperlen*
- *lange Stäbchen: dunkelgrün silverline, türkis transparent, dunkelblau silverline, gelb-grün silverline, hellgrün, braun*
- *mittelgroße Stäbchen: grün transparent, hellgrün silverline, türkis silverline, dunkelgrün silverline*
- *Perlen, Ø 4 mm: türkis, hellblau, gold metallic, dunkelgrün*
- *Perlen, Ø 3 mm: hellgrün, goldmetallic, türkis, türkis transparent*
- *Perlen, Ø 2 mm: dunkelgrün gelüstert, grün scarabé, grasgrün, olivgrün, violett, gold, graphit, türkis gewachst, türkis-blau, hellgrün, grau silverline, grün, kaltblau, gelb, orange, silberweiß*
- *Perlen, Ø 1,5 mm: hellgrün, rosa, grasgrün, gold*
- *Goldpapier in diversen Abstufungen*
- *ein »Eismoritz« in grün glänzend*

Material

für »Halinas Tasche« (Abb. unten)

- *kleine Stäbchen: kupfer, dunkelblau silverline, mittelblau silverline, brombeer silverline, gold silverline, schnee*
- *geschnittene Perlen: brombeer scarabé*
- *Perlen, Ø 2 mm: türkisgrün*
- *Perlen, Ø 2,5 mm: türkis, mittelblau, weiß gelüstert (insgesamt etwa 3 Röhrchen, überwiegend alte Perlen)*

Tip

Bei den Taschen sowie auch bei den Colliers verwende ich gerne alte und seltene Einzelstücke als Blickfang, die von Ihnen (aber auch in meinen Fertigpackungen) durch ähnliche Perlen ersetzt werden müssen. Ich sehe meine Arbeiten als Anregungen, die die interessierten Perlensticker und -stickerinnen mit etwas Mut, Kreativität und Experimentierfreude zu eigenen, originellen Einzelstücken anregen sollten.

Für die kupferfarbene Tasche habe ich Perlen in verschiedenen Größen (von 1–4 mm) und diversen unterschiedlichen Brauntönen verwendet sowie einige Akzentperlen.

Das auf Nessel gestickte Perlenstück habe ich (wie auch bei der grünen Tasche von Seite 28) vor dem Weiterverarbeiten auf Wildleder aufgenäht. Auf den überstehenden Rand habe ich Tupfen mit einem Kupferstift aufgemalt.

Material

für die Tasche »Kupfersonne«

Trageband:

- *10 Röhrchen feine Perlen, Ø ca. 1,5 mm: brown-white-inside, siena-braun und schokoladenbraun*

Korpus:

- *dicke Perlen, Ø ca. 3–4 mm: sanddornfarben, schokoladenbraun, red-white-inside, brombeer transparent, silverline violett, orange-blau-gestreift, blaßviolett, rainbow orange-braun*
- *dünnere Perlen, Ø ca. 2 mm: gold metallic, schokoladenbraun, scarabé blau und gelb-gold, rotbraun, rotbraun transparent, schwarz, rubinrot transparent, zartlila transparent, hell-lila, braun-schwarz gestreift, orange-braun, dunkeltürkis gewachst, meerblau, brombeer scarabé (hexagon), indische Koralle*
- *mittelgroße Stäbchen: hellbraun, orange, goldbraun, honigfarben, türkis transparent*
- *lange Stäbchen: grün scarabé*
- *kleine Stäbchen: rainbow orange*
- *10 g Kupferpailletten, gehalten von runden kobaltblauen Perlen, Ø 1mm*

Akzentperlen:

- *2 Wickelglasperlen in Gelb-Orange aus Indien*
- *1 kleinere Wickelglasperle in Dunkelorange*
- *1 sehr langes Stäbchen in Rot*
- *1 Pomponknopf*

Colliers

So wird's gemacht

Im Prinzip entstehen meine Colliers wie meine Taschen. Nur beginne ich hier mit der Stickerei immer in der Mitte, damit ich symmetrisch arbeiten kann.

Zu Anfang schneide ich ein Modell aus Papier zu, damit ich die Form planen kann: Paßt das Collier überhaupt zu mir, wie liegt es am Hals? Habe ich mich dann für eine Form entschieden, schneide ich sie aus Stoff aus und lege sie mir nochmals um. Das Collier darf auf keinen Fall Falten werfen. Zur Not mache ich kleine Abnäher.

Habe ich die optimale Form gefunden, hefte ich mein Modell auf den eingespannten Stoff im Stickrahmen und übertrage es. Ich markiere die Mitte durch eine Linie und beginne mein Werk.

Nach Fertigstellung nehme ich die Stickerei aus dem Rahmen und schneide sie vorsichtig mit ca. 2 cm Randzugabe aus.

Schneiden Sie am Innenrand des Colliers den Stoff bis fast an die Stickerei heran vorsichtig ein, legen Sie den Stoff rundum nach hinten um und bügeln Sie ihn. Dann schneiden Sie ein Stück Vlieseline präzise auf die Form zu und bügeln Sie es auf, ohne daß irgendwo ein Stückchen über den Rand guckt. Abschließend nähen Sie einen schönen, passenden Futterstoff gegen Ihre Arbeit.

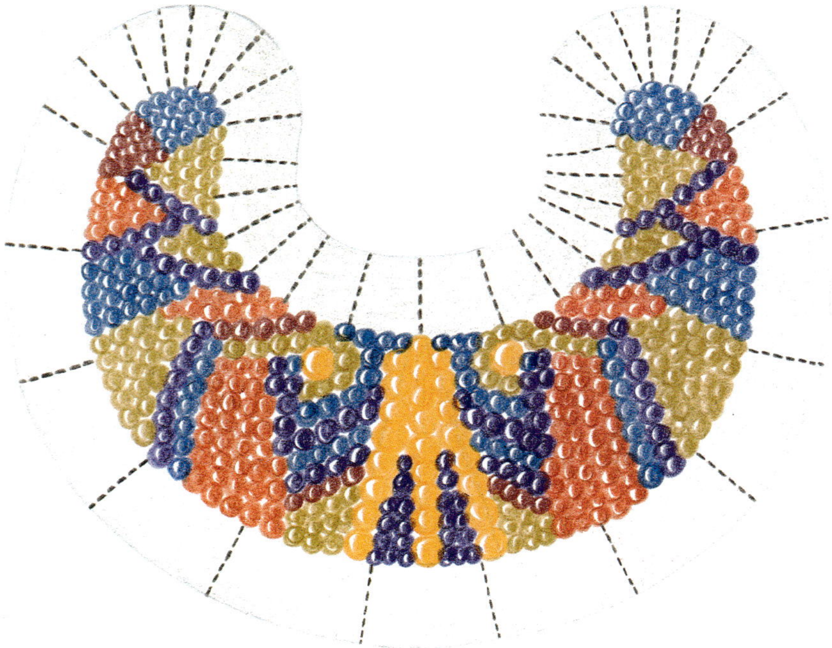

1 In den starken Beugen muß der Stoff dicht eingeschnitten werden.

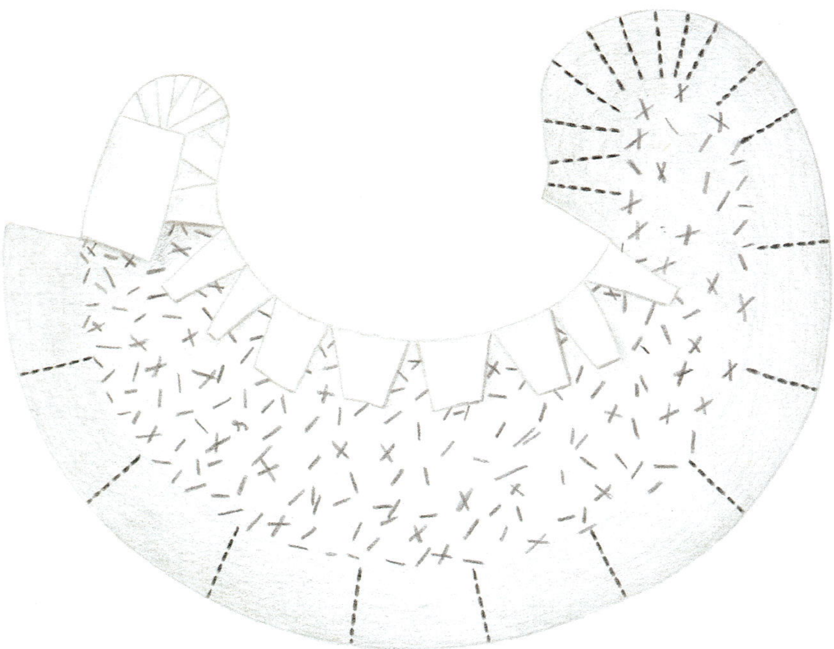

2 Der Stoff wird nach hinten geklappt und umgebügelt.

Material
für das Goldcollier »Mykene« (Abb. Seite 33)

- große Silberperlen aus Indien
- alte und neue Messingperlen aus Afrika
- alte Goldzähnchenperlen
- Goldpapier (von einer Schokolade)
- braune Stäbchenperlen
- flacheckige, goldene und grüne Cremetteperlen
- goldene und silberne Perlen, Ø 2 mm
- alte goldene Pflastersteinchen, gehalten von türkisfarbenen Perlen
- dunkelgoldene Metallperlen
- indische Koralle (Glasperle)
- rote Hagebuttenperlen

Verschluß: alte jadefarbene Glasperle

Material
für das Collier »Mexiko« (Abb. unten)

- Millefiori-Perlen (Bruchstücke)
- tibetische Perlen in Rot
- alte, gestreifte, afrikanische Perlen
- runde, gestreifte Perlen in Braun und Blau
- Silberstäbchen
- braune Stäbchen
- gefüllte Perlen in Kobaltblau, Dunkelblau-Scarabé, Hellblau, Pink, Himbeerrot, Braun, Ø 1–2,5 mm
- braunrote Streifenperlen
- alte, beige Perlen
- indische Red-white-inside-Perlen
- afrikanische Türkisperlen
- Goldfolie

Verschluß: Metallperle aus Afrika

Zu diesem Collier hat mich ein Bericht über die Stadt Sanaa im Jemen inspiriert. Sie wurde überwiegend aus Alabaster und Holz erbaut, was ich in der Farbgebung einzufangen versuche. Das Collier wurde hauptsächlich mit alten Perlen aus den verschiedensten Ländern gestickt.

Material

für das Collier »Hommage à Sanaa« (Abb. oben)

- *aus Indien: red-white-inside, Malachitperlen*
- *aus Afrika: orangefarbene Wickelglasperlen, braune kleine Früchte, 2 Kamelbeinscheiben*
- *aus Tibet: Perlmuttteile*
- *aus Südamerika: Keramikperlen*
- *kleine Perlmuttknöpfe, Reißverschluß aus Messing, kupferfarbenes Glanzpapier*
- *Perlen und Stäbchen von 1–6 mm: viele verschiedene Brauntöne, beige, gelb, orange, gold, gelb silverline, blau scarabé, silber, grau transparent, weiß transparent, braun-schwarz-weiß gestreift, mintgrün, tiefblau, orange-blau gestreift, kupferfarben*

Verschluß: *dunkelblaue Glasscheibe mit Loch*

Armbänder

So wird's gemacht

Zunächst schneiden Sie von einem Ripsband ein Stück zu, das doppelt so lang ist, wie das Armband werden soll. Die eine Hälfte wird bestickt, die andere Hälfte nach Fertigstellung der Stickerei umgeklappt und an der Rückseite als Futter gegengenäht. Das Stück Ripsband, das bestickt werden soll, wird in den Stickrahmen gespannt. Wenn es dafür zu klein ist, stückeln Sie einfach an allen vier Seiten Stoffreste an und spannen Sie dieses »Patchwork«-Teil in den Stickrahmen. Jetzt sticken Sie wie auf Seite 22 beschrieben.

Ist das ganze Teil fertiggestickt, wird es aus dem Rahmen genommen und von hinten gebügelt. Wer es verstärken möchte, bügelt in Länge und Breite der Stickfläche einen Streifen Bügelvlieseline auf. Anschließend wird die andere Hälfte des Ripsbandes über die Rückseite der Stickfläche geklappt und festgenäht. Wählen Sie sich Ihren Verschluß.

Material

für das dunkle Cremette-Armband (Abb. Seite 37 links)

- *Cremette-Perlen: grüngrau, gold, mittelgrün, tinte*
- *lange Stäbchen: gold und schwarz*
- *lange, dicke Stäbchen: dunkelblau*
- *Perlen, Ø 2,5 mm: dunkelblau scarabé, schwarz, silber gewachst, gold*
- *Perlen, Ø 2 mm: gold, orangerot geschnitten, grau transparent, mittelblau, red-white-inside, Liebesperlenmischung*

Verschluß: *3 afrikanische Bronzeperlen*

Material

für das türkisfarbene Armband
(Abb. unten Mitte)

- Cremette-Perlen: gold, mittelblau, hellgrün, rauchgrün
- lange Stäbchen: gold
- mittelgroße Stäbchen: türkis
- kleingeschnittene Stäbchen: rot, blautürkis
- kleine Stäbchen: silber
- Perlen, Ø 2 mm: flaschengrün, hellgrün, mittelblau, blautürkis, red-white-inside, grau transparent
- Perlen, Ø 2,5 mm: mint
- Perlen, Ø 3,7 mm: transparent mit Silbereinzug
- Perlen, hexagon: schwarz scarabé

Verschluß: *3 afrikanische Bronzeperlen*

Material

für das Armband »Grüne Wiese«
(Abb. unten rechts)

- Cremette-Perlen: gold
- lange Stäbchen: türkis transparent, gold, grün-silber
- mittelgroße Stäbchen: türkisblau, hellgrün matt
- kleine Stäbchen: frischgrün, rot, hellblau, rot-silber
- Perlen, hexagon: gold, schlangengrün, blau scarabé
- Perlen, Ø 4 mm: silber transparent
- Perlen, Ø 2 mm: türkisblau, flaschengrün, mittelgrün, silber, hellblau, hellgrün, türkis, lichtgrün
- geschnittene Schneeperlen

Verschluß: *3 afrikanische Bronzeperlen*

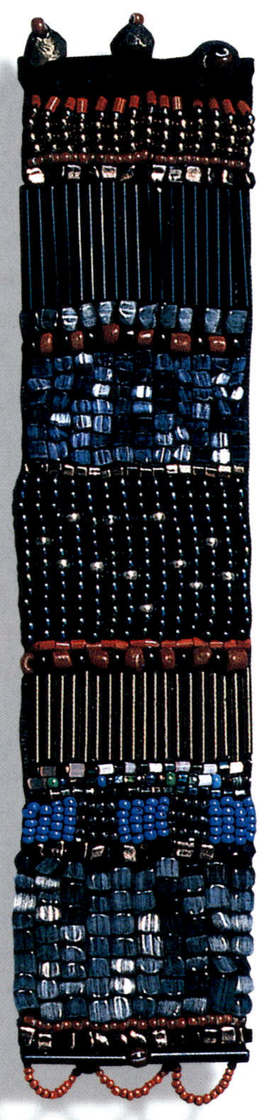

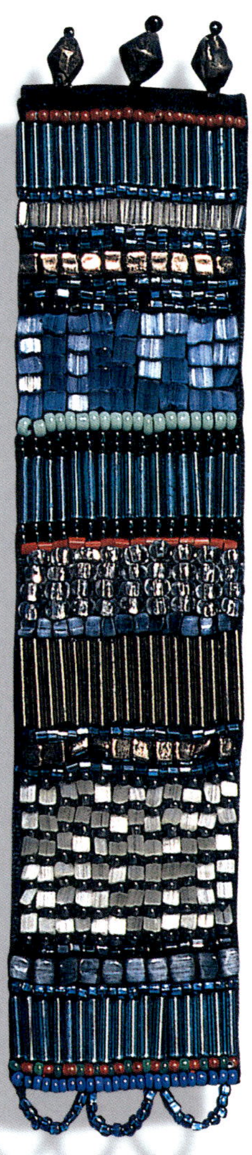

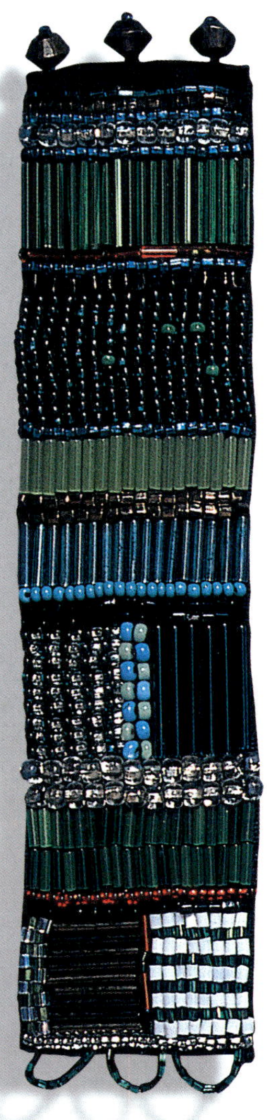

Schmuck-döschen

Das Schmuckdöschen besteht aus drei Stickteilen: einem Band als Mittelteil und zwei runden Deckelchen. Das Mittelteil wird so gefertigt wie das Armband und legt fest, wie groß Ihr Döschen werden soll. In meinem Beispiel habe ich 12 cm bestickt. Nachdem Sie das fertig bestickte Mittelteil zum Ring geschlossen haben, messen Sie den Durchmesser oder den Umfang: Daraus ergibt sich die Größe der beiden Deckelchen.

So wird's gemacht

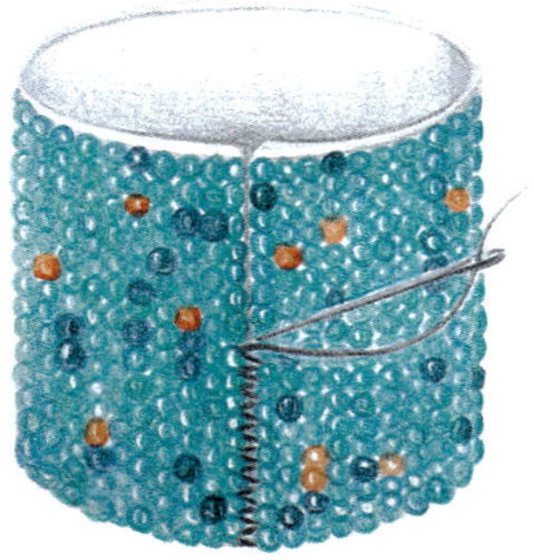

1 Das bestickte Mittelteil wird an der Schmalseite zusammengenäht. Messen Sie den Durchmesser und zeichnen Sie in der entsprechenden Größe zwei Kreise auf Ihren Stoff, die Sie dann ebenfalls besticken.

2 So sieht die bestickte Vorderseite des Dosenbodens bzw. -deckels aus.

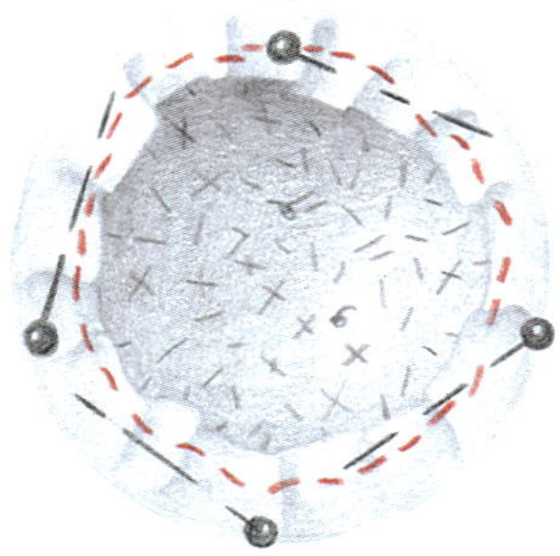

3 Der Stoff am Rand der beiden runden Teile wird nach hinten geklappt, auf der Rückseite festgesteckt, gebügelt und mit ein paar Stichen fixiert.

4 Den Döschenboden nähen Sie ringsum am Mittelteil fest.

5 Der Deckel wird nur an einer Seite mit mehreren Stichen am Mittelteil befestigt. An der anderen Seite können Sie einen Verschluß nach Wunsch anbringen, z. B. ein kleiner Knopf oder eine große Perle und eine Schlaufe. Natürlich können Sie auch auf den Verschluß verzichten oder Ihren Dosendeckel ganz unbefestigt lassen.

6 Schneiden Sie eine rechteckige Pappe zu, die genau ins Döschen paßt, und überziehen Sie sie mit Stoff. An der Rückseite Stoff festkleben.

7 Die stoffüberzogene Pappe wird eingesetzt und am Döschenrand festgenäht.

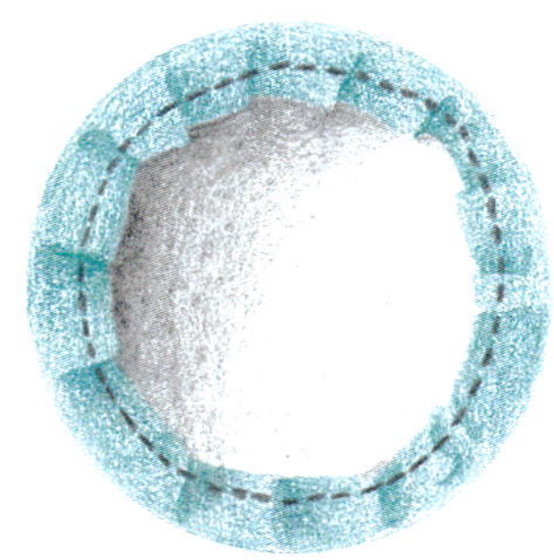

8 Schneiden Sie ebenfalls zwei runde Pappdeckelchen in der passenden Größe für Deckel und Boden zu und überziehen Sie sie mit Stoff. Auf der Rückseite des Bodens und des Deckels (im Inneren des Döschens) festnähen oder -kleben.

Material
für das Musterdöschen
(Abb. Seite 38)

- *hexagone Perlen, Stäbchen und runde Perlen, Ø 1–5 mm, in Schwarz, Rot, Grün und Gold*

Material
für das balinesische Döschen
(Abb. links)

- *alte Perlen und Knochenstückchen*
- *Knöpfe aus Indien und Tschechien*

Material
für das blaue Döschen
(Abb. Mitte)

- *Perlen, Ø 2–5 mm, in diversen Blautönen*

Material
für das Meterbanddöschen
(Abb. rechts)

- *Perlen, Ø 4 mm, in gold-violetten Tönen*
- *Jetperlen*
- *Cremetteperlen*
- *dicke Red-white-inside-Perlen, hexagon*

19
20
21
134
135
126
127
7
8
9
10
147

Käferbroschen

Material

- 1 Stück Stoff
- Füllwatte oder Wolle
- 1 Nähnadel
- Garn
- 1 Röhrchen Perlen, Ø 2 mm
- 1 Broschennadel

So wird's gemacht

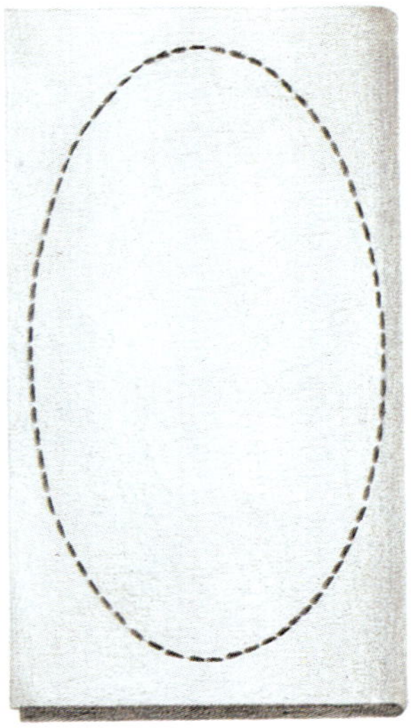

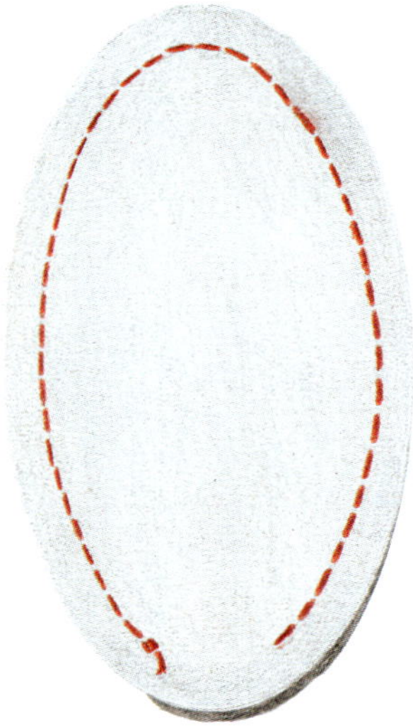

1 Sie nehmen ein ca. 8–12 cm großes Stückchen Stoff Ihrer Wahl und legen es doppelt. Überlegen Sie sich, ob Sie einen länglichen oder einen kleinen dicken Käfer bevorzugen. Zeichnen Sie nun Ihren Vorstellungen entsprechend eine ovale oder eine runde Form auf den Stoff.

2 Mit kleinen Steppstichen umnähen Sie Ihre Figur entlang der vorgezeichneten Linie bis auf eine fingerbreite Öffnung. Mit 1/2 cm Abstand zur Naht schneiden Sie den Käferkörper aus und wenden ihn vorsichtig. Ein gutes Hilfsmittel dabei ist eine Pinzette.

3 Wenn der Käfer gewendet ist, wird er mit Füllwatte oder Wolle nicht zu üppig gestopft und abschließend zugenäht.

4 Mit einem doppelten, am Ende verknoteten Faden, wird der Kopf abgebunden und die Nadel durch den Körper gestochen.

5 Mit dem Faden können Sie gleich weiterarbeiten. Es wird nur die vordere Seite des Käfers bestickt. Als erstes fixieren Sie die Halslinie: Dafür fädeln Sie so viele Perlen auf, wie Sie von rechts nach links benötigen und stechen dann mit der Nadel knapp am Rand auf der anderen Seite wieder ein, um den Faden zu befestigen. Wählen Sie für die Halslinie eine Farbe, die die Trennung zwischen Kopf und Körper deutlich markiert, da sich sonst die Proportionen verschieben.

6 Sie beginnen mit dem Köpfchen. Stechen Sie Ihre Nadel über der Halsreihe in der richtigen Position aus, fädeln entsprechend viele Perlen auf und stechen auf der anderen Seite wieder ein. So wird Reihe für Reihe das Käferköpfchen aufgebaut. Zum Schluß müssen diese Reihen noch fixiert werden. Dazu stechen Sie mit einem Überfangstich durch den ganzen Körper und nähen nach jeder zweiten oder dritten Perle die Reihen fest (siehe auch Seite 22).

Der Körper

Am Körper markieren Sie die senkrechte Mittellinie.

Fädeln Sie entsprechend der Körperlänge Perlen auf, legen Sie diese über den Körper und befestigen Sie den Faden, indem Sie unten am Körperende wieder einstechen. Überlegen Sie sich ein schönes Muster für die Flügel und ziehen die Perlen entsprechend in der Längsrichtung auf. Die Befestigung erfolgt nach dem gleichen Schema wie beim Köpfchen.

Ihrer Phantasie bei der Gestaltung des Käfers sind keine Grenzen gesetzt. Sie können ihn natürlich auch, wie den Kopf, weiter quer besticken und durch unterschiedliche Perlenanordnungen Ihr Muster entwerfen.

Fühler und Beine

Das, was den Käfer richtig lebendig macht, sind die Beine zum Krabbeln und die Fühler zum Fühlen. Die beiden Fühler und die sechs Beine sollten möglichst nicht gleich lang sein.

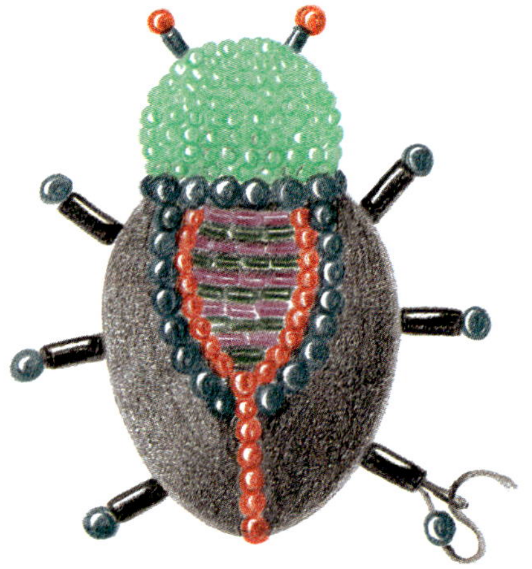

Nehmen Sie eine Stäbchen- und eine kleine Perle. Stechen Sie seitlich am Käferkörper aus. Fädeln Sie das Stäbchen und eine Perle auf und stechen Sie dann durch das Stäbchen in den Körper zurück. Ziehen Sie schön fest! Verfahren Sie mit den übrigen Beinchen und den Fühlern genauso.

Fertigstellung

Wenn es Sie stören sollte, daß die Fäden auf der Rückseite zu sehen sind, können Sie den Käfer gern hinterfüttern. Ich verzichte meistens darauf, weil die Broschennadel, die Sie abschließend auf die Rückseite nähen, vieles verdeckt.

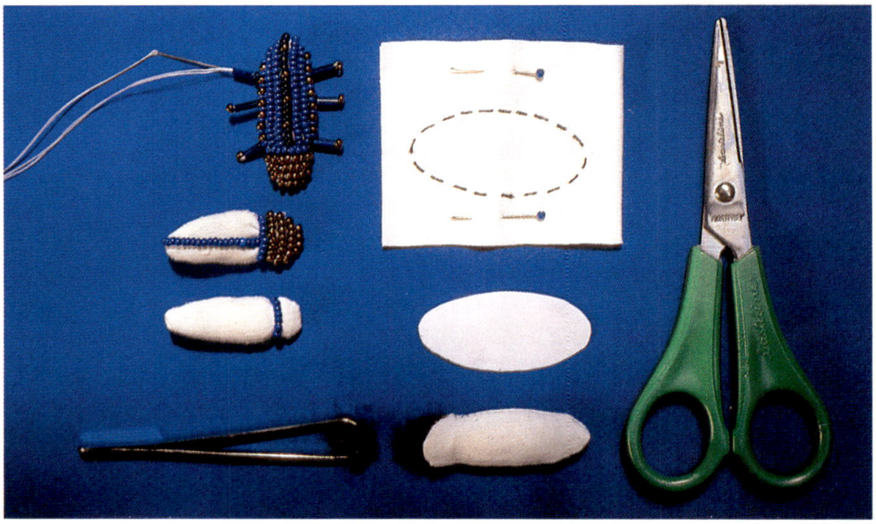

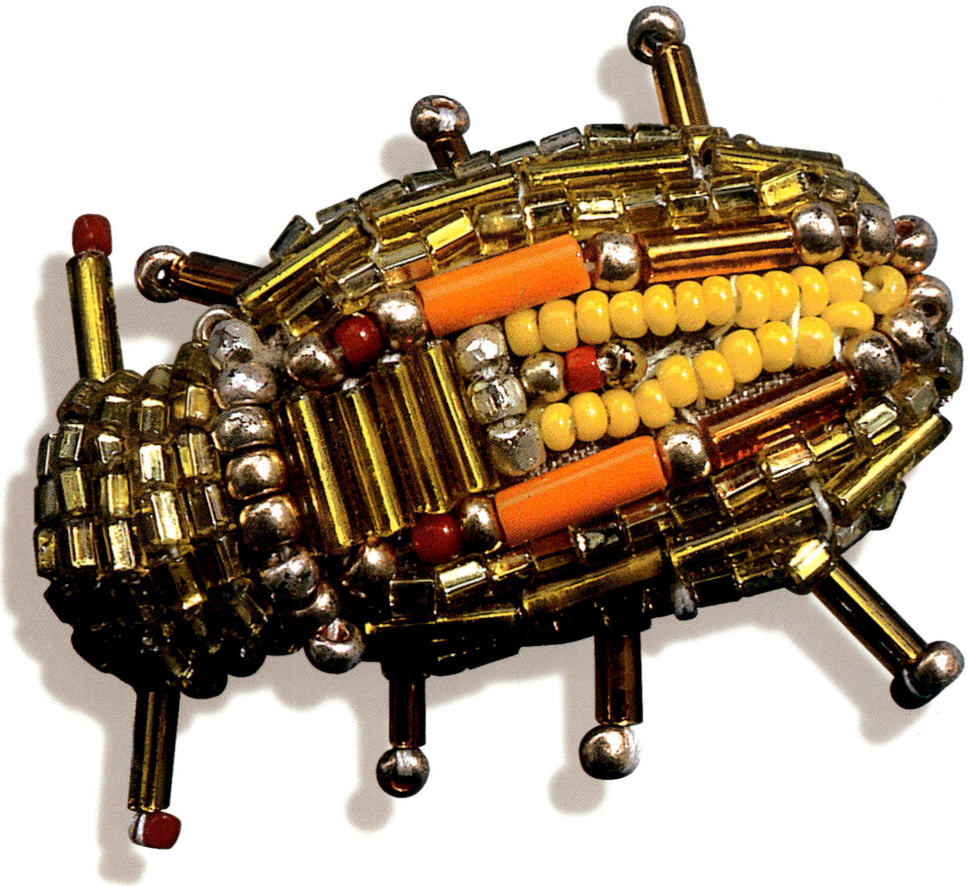

Material

für den goldenen Käfer

- *kleine Stäbchen in Rot und Zitronengelb*
- *2 mittelgroße Stäbchen in Orange*
- *6 mittelgroße Stäbchen, silverline gelb*
- *runde Perlen in Rot, Sonnengelb und Orange*
- *zitronengelbe, geschnittene Stäbchen*

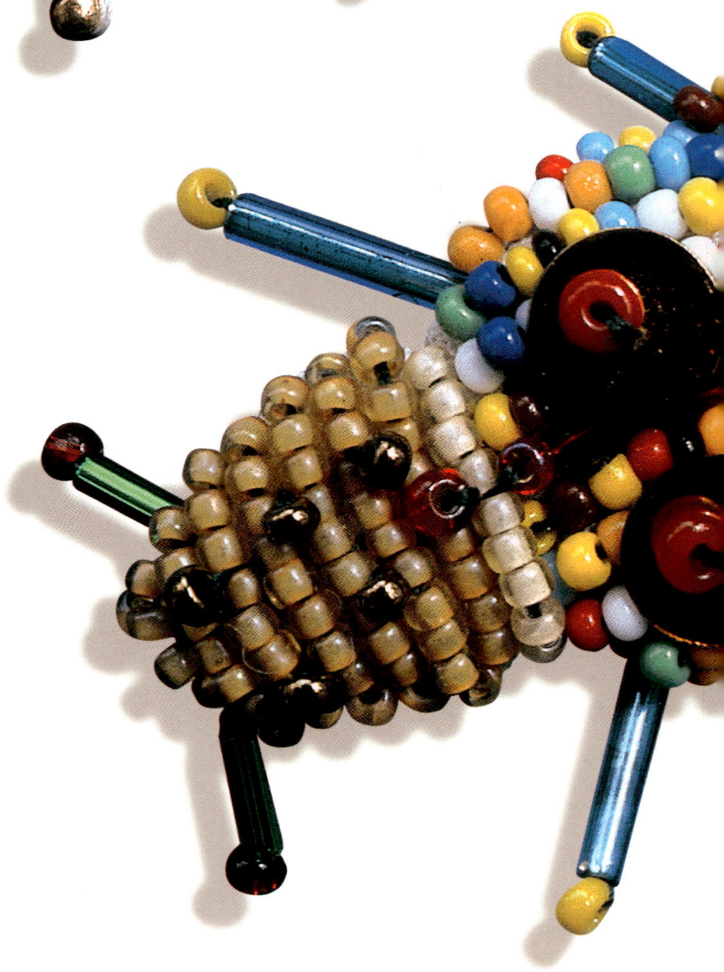

Material

für den pinkfarbenen Käfer

- *verschiedene Perlen: rosapink, orangerot, lavendel, rosa gewachst*
- *6 mittelgroße Stäbchen in Rosa*
- *2 kleine Stäbchen in Rosa, transparent*

Material

für den bunten Käfer

- *1 Röhrchen Liebesperlen*
- *2 Goldpailletten*
- *6 große Stäbchen in Türkis*
- *2 große Stäbchen in Grün*
- *6 kleine Stäbchen in Rot*
- *1/2 Röhrchen honigfarbene Perlen*

Perlen weben

Material

- 1 Webrahmen
- Sticktwist (Spannfaden)
- evtl. Garn
- 1 bis 2 Webnadeln
- Perlen

So wird's gemacht

Zum Weben brauchen Sie einen Perlenwebrahmen. Mein Webrahmen ist eine relativ einfache Konstruktion, den Sie bei mir bestellen, aber auch relativ einfach selbst nachbauen können. Er besteht aus drei Brettern, die rechtwinklig zusammengefügt werden. Auf beiden Oberseiten hat er je eine Reihe kleiner Nägel sowie je einen größeren Nagel an den Stirnseiten. An einem der größeren Nägel wird ein Stickgarnfaden als Spannfaden fest verknotet. Es ist günstig, beim Anknoten den Spannfaden ca. 10 cm hängen zu lassen, weil der letzte ankommende Faden mit diesem verknotet wird. Spannen Sie den Faden nun zwischen den beiden größeren Nägeln an den Stirnseiten hin und her. Dabei dienen Ihnen die kleinen Nägel auf dem Rahmen als Abstandhalter,

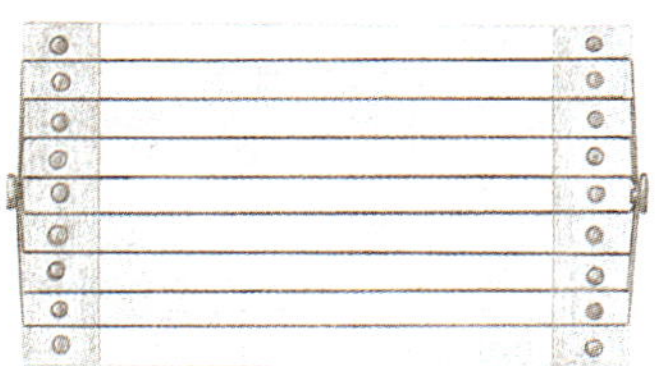

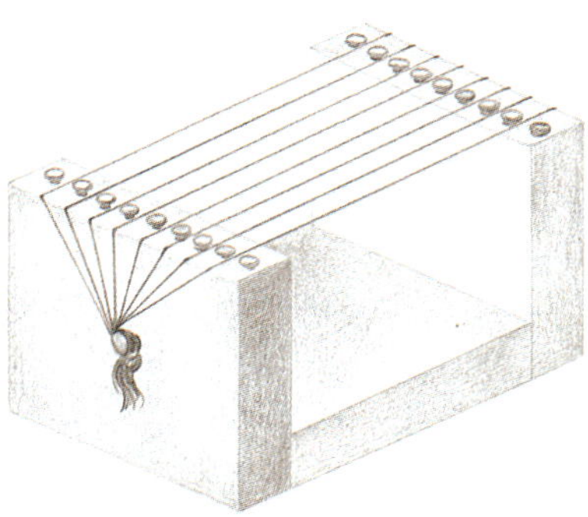

d. h. der Abstand zwischen den kleinen Nägeln muß ungefähr der Breite der Perlen entsprechen.

Entscheiden Sie, wie breit Ihr Armband werden soll, denn danach richtet sich die Länge des Spannfadens. Beim Perlweben kommt es auf die Zwischenräume an, in die die Perlen gesetzt werden. Achten Sie daher auf eine gerade Anzahl von Spannfäden und somit eine ungerade Anzahl von Zwischenräumen. So erhalten Sie immer eine Mitte, was besonders wichtig ist, wenn Sie ein symmetrisches Muster weben möchten. Also, wenn Sie z. B. sieben Perlen pro Reihe verweben möchten, ziehen Sie den Spannfaden achtmal hin und her.

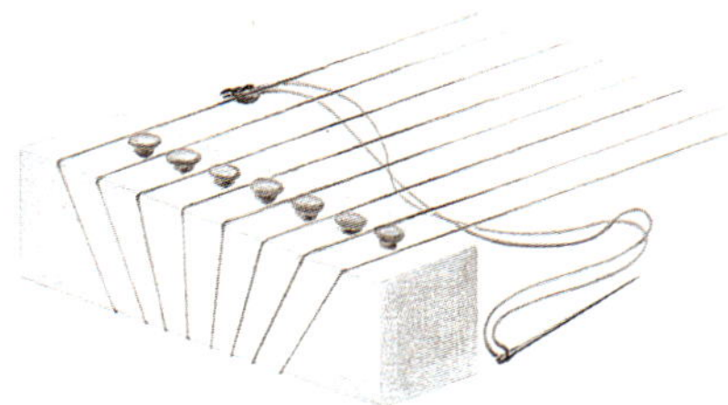

1 Ist der Rahmen fertig bespannt, wird ein ca. 80 cm langer Faden Sticktwist abgeschnitten. Aus diesem Faden, der ja aus sechs Einzelfäden besteht, ziehen Sie einen heraus und fädeln ihn durch die Webnadel. Die beiden Enden werden miteinander verknotet. Dieser Knoten wird nun wiederum am linken äußeren Spannfaden in der Nähe der vorderen Nagelreihe festgeknotet.

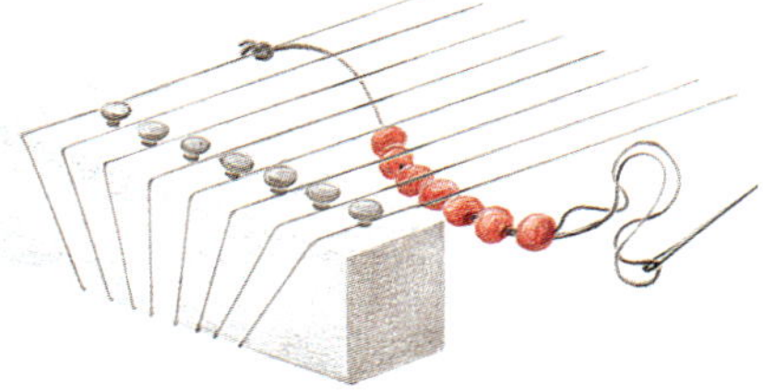

2 Jetzt werden so viele Perlen hintereinander aufgefädelt, wie Zwischenräume vorhanden sind. Die Perlen werden ganz bis zum Ende des Fadens durchgeschoben.

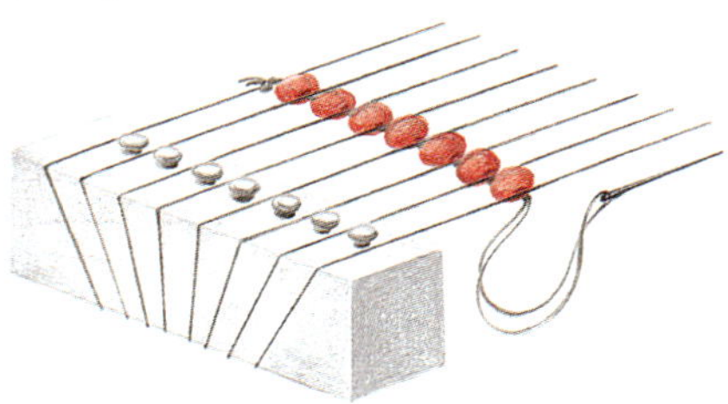

3 Dann führen Sie den Perlenfaden unter allen Spannfäden hindurch nach rechts, nehmen die Nadel in die rechte Hand und drükken mit der linken je eine Perle in jeden Zwischenraum, und zwar so weit, daß die Löcher der Perlen oberhalb des Spannfadens liegen.

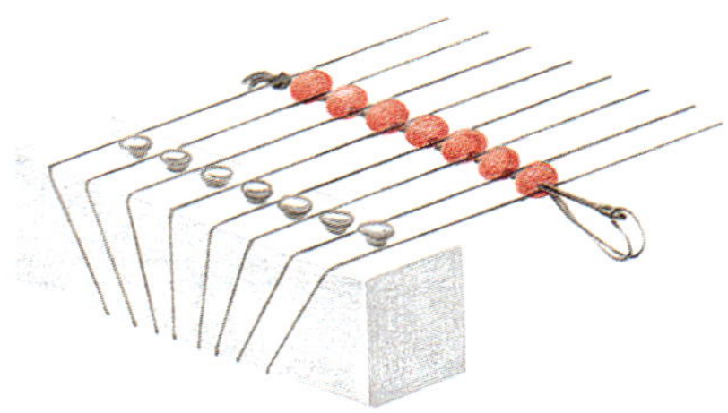

4 Nun wird die Nadel von rechts und oberhalb der Spannfäden durch die Löcher in den Perlen zurückgeführt. Der Faden wird festgezogen.

Sie fädeln die nächsten Perlen auf, führen sie wieder unter den Spannfäden hindurch nach rechts, drücken sie in die Zwischenräume usw.
Auf diese Weise entsteht ein Webstück, dessen Länge Sie durch die Anzahl der Perlenreihen selbst bestimmen.

GALERIE
NEUE
PERLEN
22763 Hamburg

Verschluß

Ist das Webstück fertig, schneiden Sie die Spannfäden knapp über den Nägeln an den Stirnseiten ab und verflechten sie zu einem Verschluß. Eine andere Möglichkeit ist: Sie umwickeln alle Fäden vollständig mit einem Extrafaden und erhalten so einen Strang.

Oder Sie weben mit dem restlichen Sticktwist eine Borte auf beiden Seiten und nähen die heraushängenden Spannfäden in die Borte ein. Wenn Sie sich schon vor Beginn des Webens über den gewünschten Verschluß im Klaren sind, können Sie auch vor dem eigentlichen Beginn eine Borte anfertigen, und auf der anderen Seite ein entsprechendes Webteil zum Schluß einweben. Zur Befestigung nähen Sie einen Knopf auf die eine Seite und auf der Gegenseite wickeln Sie aus den restlichen Fäden eine Knopflochschlaufe.

1 Nach der letzten Perlenreihe weben Sie mit dem Faden eine Weile hin und her. Den Abschluß könnte nochmals eine Reihe Perlen bilden.

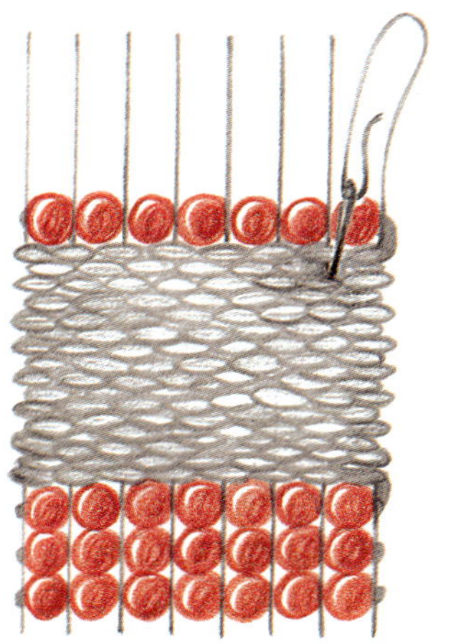

2 Die Spannfäden werden abgeschnitten und mit einer Nadel im Webteil vernäht.

3 Auf das Webteil können farblich passende Knöpfe aufgenäht werden.

4 Am anderen Ende weben Sie ebenso noch eine Weile mit dem Arbeitsfaden und schneiden dann die Spannfäden ab.

5 Legen Sie die Fadenenden zu so vielen Schlaufen zusammen, wie Sie Knöpfe auf der anderen Seite haben.

6 Umwickeln oder umknoten Sie die Schlaufen und befestigen Sie sie dann mit Knopflochstich wieder im Webteil. Vernähen Sie die Fadenenden. Sie können auf die Schlaufen auch noch einige Perlen auffädeln.

Verschiedene Varianten

Verjüngen

Wenn Sie Ihr gewebtes Armband nicht als gerades Stück enden lassen möchten, können Sie es auch als Spitze auslaufen lassen.

Sie haben z. B. 10 Fäden, d. h. 9 Zwischenräume. Sie verweben Ihre 9 Perlen. Bei der nächsten Reihe nehmen Sie nur 7 Perlen auf, drücken sie mittig in die 7 Zwischenräume und weben wie gehabt. Ziehen Sie den Faden so straff wie gewohnt, denn dadurch verjüngt sich Ihr Webstück. Bei der nächsten Reihe nehmen Sie 5 Perlen, dann 3 und zum Schluß nur 1. Sie werden sehen, daß Sie eine Spitze erhalten haben.

Lücken lassen

Wenn Sie eine schmale Lücke lassen wollen (so groß wie ein Fadenzwischenraum), weben Sie eine Weile jede Seite mit einem Extrafaden.

Wenn Sie eine größere Lücke weben möchten, müssen Sie diese schon beim Bespannen des Rahmens einplanen. Sie können sie dann mit Stabperlen in entsprechender Länge oder mit mehreren kleinen, aufgefädelten Perlen überbrücken.

Stäbchen einweben

Wenn Sie Stäbchen einweben wollen, müssen Sie das von vornherein einplanen.

Möchten Sie sie quer einweben, müssen Sie an diesen Stellen die Spannfäden mit entsprechend breiterem Abstand einspannen. Natürlich können Sie (wie bei den Lücken) die Abstände mit entsprechend vielen kleinen Perlen überbrücken.
Sollten Sie nachträglich auf die Idee kommen, Stäbchen zu verwenden, entsteht eine zu große Spannung in den Fäden.

Wenn Sie Stäbchen längs einweben möchten, nehmen Sie sie von vornherein auf Ihre Spannfäden auf und schieben sie ganz nach oben als Depot. In diesem Fall ist es ratsam, nicht einen durchlaufenden Spannfaden zu verwenden, sondern die Spannfäden einzeln zu spannen. Sie beginnen nun mit Ihren Perlen zu weben und schieben je nach Wunsch Stäbchen vom Depot in Ihr Muster. Beachten Sie dabei bitte, daß Sie Ihren Webfaden mitführen, damit Sie den Anschluß an die nächste Webreihe haben.

Verschieden große Perlen verweben

Sie können auch dicke und kleine Perlen miteinander verweben. Wie Sie auf der Zeichnung sehen, fassen Sie dafür einfach zwei Spannfäden zusammen und lassen sie entsprechend wieder auseinanderspringen, wenn Sie es brauchen.

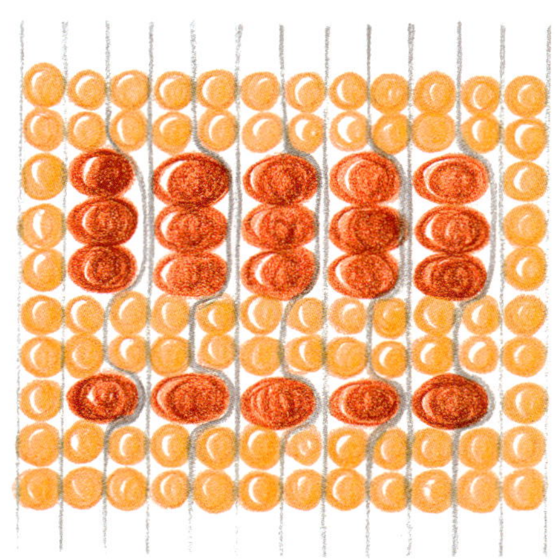

Gürtel

Für einen Gürtel reicht der einfache Webrahmen leider nicht aus. Ich habe ein etwas aufwendigeres Modell, auf dem ich sehr lange Bänder weben kann.

Durch die beiden Rollen, über die der Spannfaden läuft, habe ich die Möglichkeit, das Webstück hin- und herzudrehen und somit zu beiden Seiten zu weben. So kann ich mein Muster problemlos noch beim Weben entwickeln.

Tip

Linkshänder befestigen beim Weben den Faden auf dem rechten äußeren Spannfaden und arbeiten von rechts nach links.

Vorschläge für geometrische Muster

Auf den nächsten Seiten finden Sie etliche Anregungen für geometrische Perlwebmuster. Sie entstammen zwei langen Gürteln, die ich mit Perlen in einheitlicher Größe auf 14 Spannfäden gewebt habe.

In diesem Fall habe ich stumpfe farbige Perlen verwendet, unterbrochen von silbernen, aber selbstverständlich hat auch hier wieder Ihre persönliche Farbgestaltung den Vorrang.

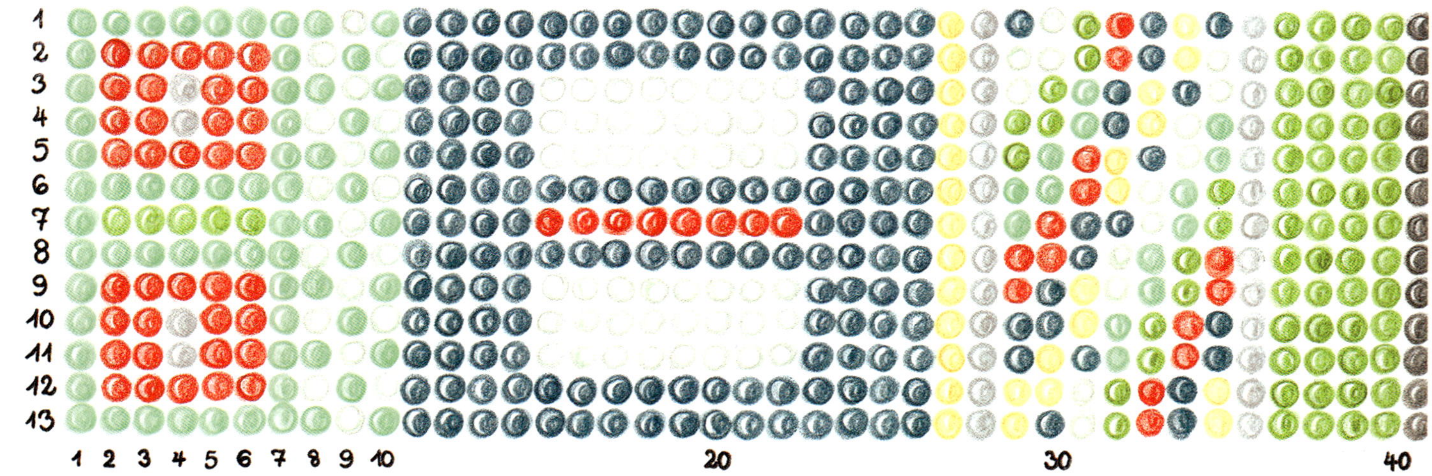
1
2
3
4
5
6
7
8
9
10
11
12
13
1 2 3 4 5 6 7 8 9 10
20
30
40

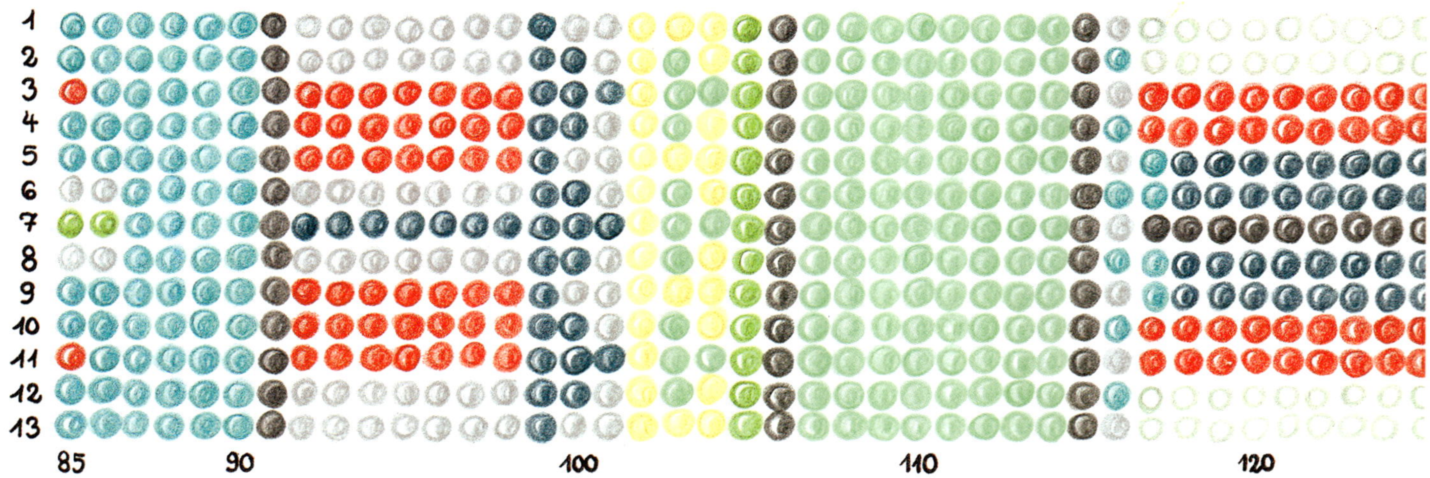
1
2
3
4
5
6
7
8
9
10
11
12
13
85
90
100
110
120

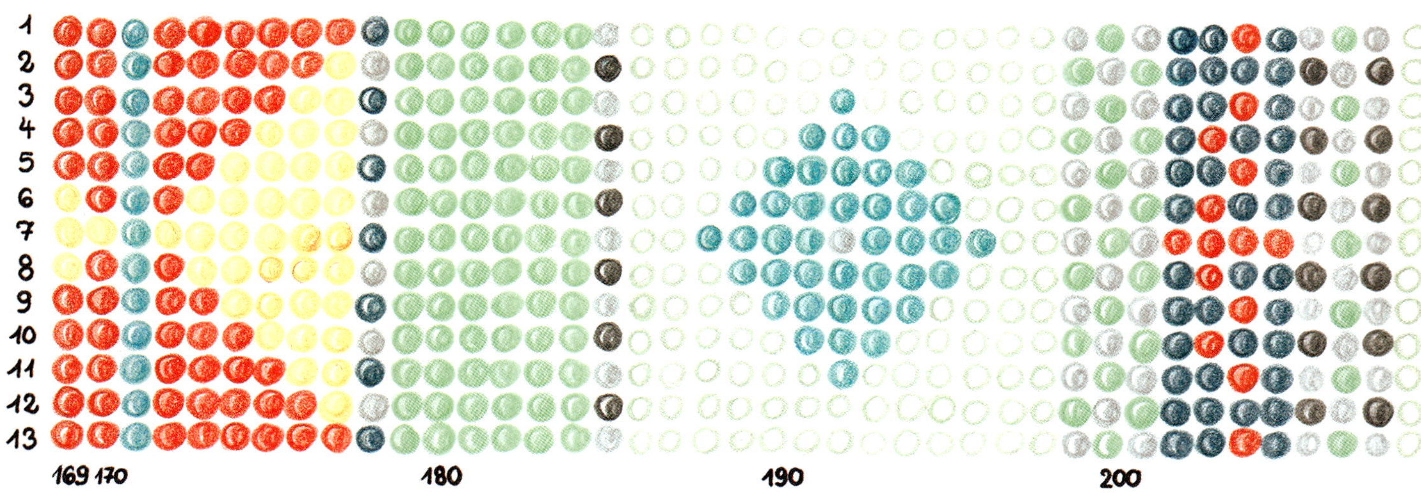
1
2
3
4
5
6
7
8
9
10
11
12
13
169 170
180
190
200

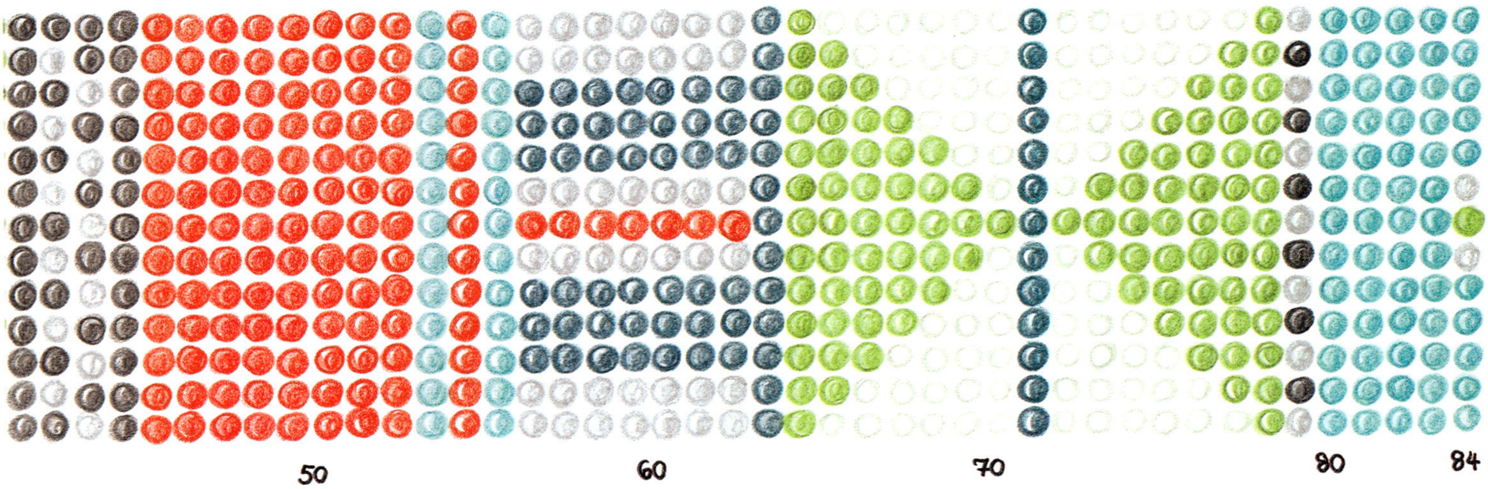
50
60
70
80
84

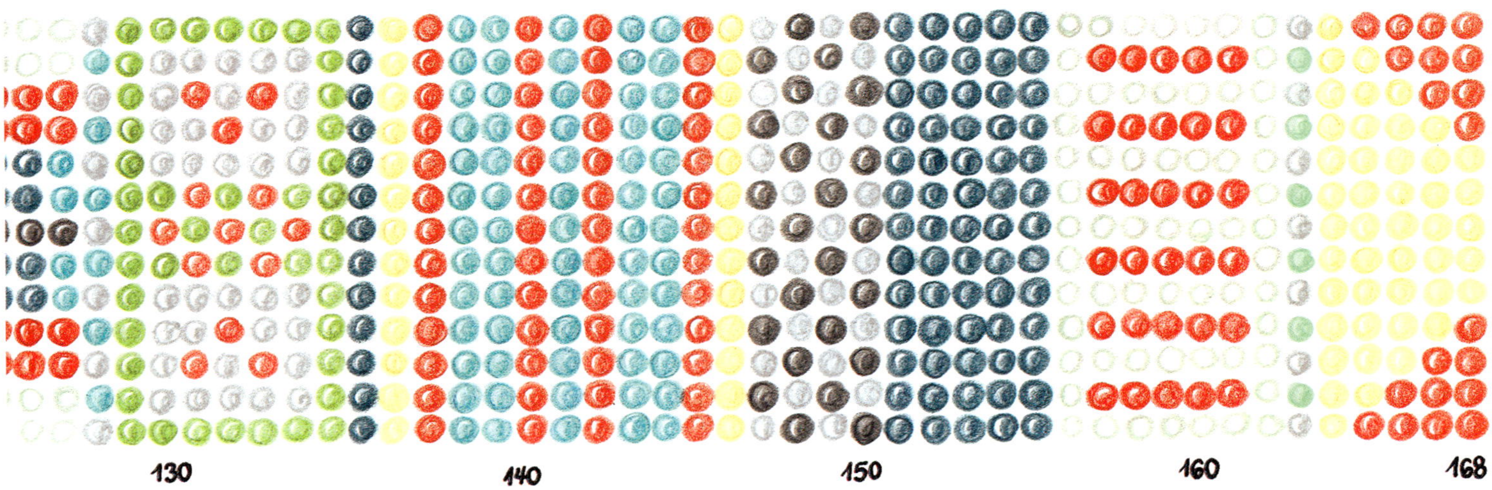
130
140
150
160
168

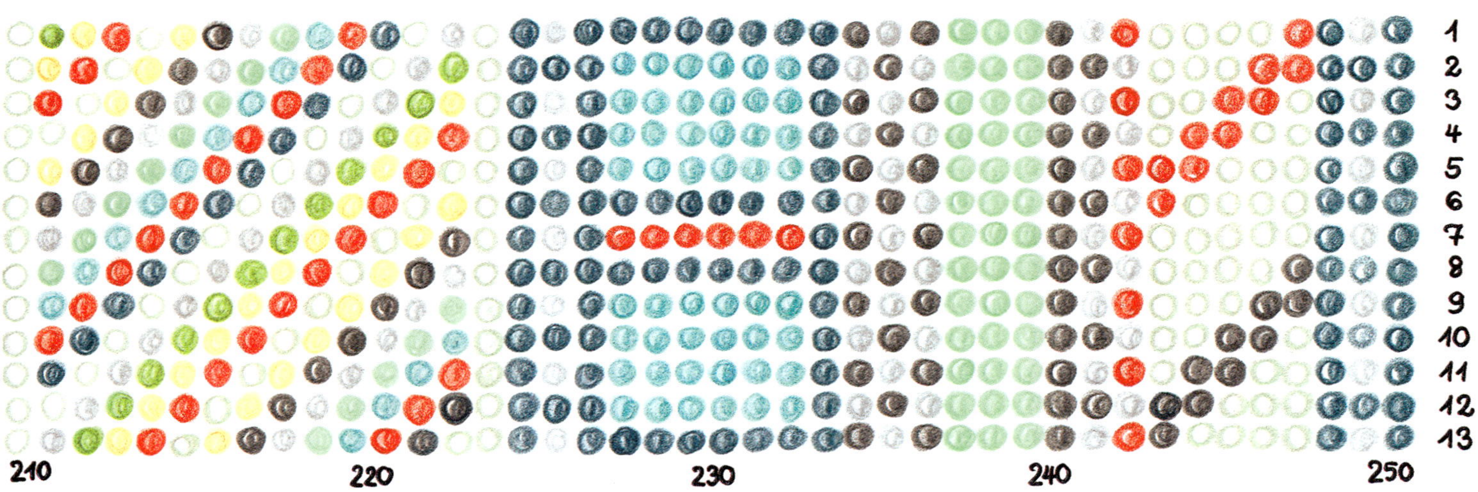
1
2
3
4
5
6
7
8
9
10
11
12
13
210
220
230
240
250

Perlen fädeln

Material

- Perlen, Ø 2 mm
- 2 Perlensticknadeln
- reißfestes Nähgarn

So wird's gemacht

1 Nehmen Sie den Faden doppelt und fädeln Sie die gewünschte Anzahl von Perlen auf. Wichtig ist, daß Sie immer eine ungerade Anzahl Perlen auffädeln. Lassen Sie am Ende den Faden ca. 15 cm hängen, Sie benötigen ihn zum Schluß. Jetzt legen Sie die Perlen in einen Kreis und schließen diesen, indem Sie mit der Nadel in die erste Perle wieder einstechen. Ziehen Sie den Faden fest.

2 Nun nehmen Sie eine neue Perle auf den Faden und stechen durch die nächste (= zweite) Perle. Fahren Sie damit fort, bis Sie einmal um den Kreis herumgefädelt haben. Auf diese Weise wird jede Perle der zweiten Runde zwischen zwei Perlen der ersten Runde befestigt. Wenn Sie ordentlich an Ihrem Faden ziehen, merken Sie, daß sich die zuletzt gefädelte Runde schon aufrichtet.

3 Die Perlen der dritten Runde werden nach dem gleichen Prinzip zwischen die Perlen der zweiten Runde gefädelt.

Anschlußfaden

Wenn Sie den Faden bis auf 10 cm verbraucht haben, lassen Sie ihn mit der Nadel erst einmal hängen und fädeln auf Ihre zweite Nadel einen neuen Faden auf. Damit Ihr Werk später nicht an dieser kritischen Stelle auseinanderfällt, müssen Sie den Faden gut sichern. Ich fädele den neuen Faden sozusagen an, indem ich ihn spiralförmig durch das schon fertiggestellte Teil hochfädele und in der obersten Reihe durch die letzten vier aufgezogenen Perlen ziehe. Den Restfaden nähe ich dann genauso nach unten weg und schneide ihn ab. Mit ein bißchen Fingerspitzengefühl verhindern Sie, daß sich die Perlen beim Vernähen verschieben und die Form Ihrer Kette verändern.

Zusammenfügen der beiden Enden

Sie arbeiten Ihre letzte Reihe so weit, daß sich der Anfangs- und der Endfaden gegenüberliegen. Jetzt fügen Sie beide Enden zusammen, indem Sie die letzte Perlenrunde auf Lücke mit der ersten Perlenrunde zusammennähen. Befestigen Sie beide Fäden gut, um ein späteres Aufgehen an der Nahtstelle zu verhindern.

Wer nicht frei arbeiten oder aber der Kette mehr Stabilität geben möchte, kann auch über eine Kordel fädeln. Die Technik ist die gleiche, nur daß Sie jetzt immer um die Kordel herumarbeiten.

Ketten und Armbänder

So wird's gemacht

Für ein Armband von ca. 2,5 cm Breite benötigen Sie 50 g Perlen mit einem Durchmesser von 2 mm. Fädeln Sie für die erste Reihe 35 Perlen auf den Faden.

Wenn die Perlen einen Durchmesser von 5 mm haben, benötigen Sie für ein Armband ca. 90 g. Sie fädeln 17 Perlen für die erste Reihe auf und verfahren sonst wie auf Seite 61 beschrieben.

Entscheiden Sie sich für dickere Perlen, beachten Sie bitte, daß das Gewicht sich vergrößert. Sie benötigen deshalb einen stabileren Faden, den Sie bei der Dicke der Perlen mit normalen Nähnadeln fädeln können. Die Anschlußfäden werden in diesem Fall an zwei Stellen geknotet und mit durch die Perlen gezogen.

Für eine Kette von ca. 120 cm Länge und 1 cm Breite brauchen Sie ca. 100 g Perlen. Sie fädeln für die erste Reihe 21 Perlen auf. Bestimmen Sie die Länge Ihrer Kette je nach Bedarf.

Material
für die Kette mit Knoten

- *250 g Perlen, Ø 5 mm: transparent mit Silbereinzug*

Material
für die mehrsträngige Fädelkette

- *pro Strang 100 g Perlen, Ø 1,5–2 mm: kobaltblau, transparent grün, mittelgrün, dunkelblau transparent*

Bibliografische Information Der Deutschen Bibliothek
Die Deutsche Bibliothek verzeichnet diese Publikation in der Deutschen Nationalbibliografie; detaillierte bibliografische Daten sind im Internet über http://dnb.ddb.de abrufbar

Die im Buch veröffentlichten Ratschläge wurden von der Verfasserin und vom Verlag sorgfältig erarbeitet und geprüft. Eine Garantie kann dennoch nicht übernommen werden. Ebenso ist die Haftung der Verfasserin bzw. des Verlages und seiner Beauftragten für Personen-, Sach- und Vermögensschäden ausgeschlossen.

Ein Unternehmen der Droemerschen Verlagsanstalt Th. Knaur Nachf. GmbH & Co. KG, München

Fotografie: Sabine Steputat, Berlin
Textredaktion: Sophie Herweg, Hamburg
Lektorat Margit Bogner
Zeichnungen: Claudia Wiedenroth, Niederstaufen
Layout: Anton Walter, Gundelfingen
Umschlagkonzeption: Zero Werbeagentur, München
Umschlaglayout: Elke Martin
Herstellung: Elke Martin
Satz: Gesetzt aus aus 10 Punkt Optus Regular in QuarkXPress von DTP-Design Walter, Gundelfingen
Reproduktion: GAV Prepress Gerstetten
Druck und Bindung: Appl, Wmding

Gedruckt auf umweltfreundlich chlorfrei gebleichtem Papier.

ISBN 3-426-64105-4
Printed in Germany

Bitte besuchen Sie uns im Internet:
www.droemer-knaur.de

Weitere Titel aus dem Bereich Kreativ finden Sie im Internet unter:
www.knaur-kreativ.de